MON CAHIER
GOOD VIBES

NOÉMIE DE SAINT-SERNIN

ILLUSTRATIONS
ISABELLE MAROGER (INTÉRIEUR)
MADEMOISELLE ÈVE (COUVERTURE)

SOLAR
EDITIONS

SOMMAIRE

Introduction

Nouveau crédo : mettre plein de paillettes dans votre vie ! Dans votre quotidien à 100 km/h, vous foncez, vous gérez les inévitables petits soucis, vous avez un emploi du temps bien rempli, des batteries un peu à plat et le sentiment persistant que vous ne pouvez jamais vous faire plaisir ni vous consacrer à ce qui compte vraiment pour vous. Bref, vous n'êtes pas pleinement satisfaite et vous avez l'impression de courir après votre vie.

L'objectif de ce cahier ? Que vous vous sentiez épanouie et accomplie, pleine de bonnes ondes, de bonnes émotions et que vous puissiez pratiquer des activités qui vous passionnent ou qui vous font du bien. Exit les « j'aurais pu faire mieux », « j'aimerais bien ceci ou cela »… La solution magique pour un quotidien qui pétille existe : c'est l'abondance. L'abondance, c'est votre baguette magique perso.

Avec elle, plus de sensation qu'il vous manque quelque chose : du bien-être, du temps, des opportunités, de l'énergie, etc. Vous attirez à vous toutes les petites richesses de la vie, que ce soit dans le domaine émotionnel (plein de petits bonheurs) ou psychique (une positive attitude ultra-vitaminée), ou encore au quotidien (des relations et des finances au top).

Pour cela, il existe un outil magique : la loi d'attraction, une loi universelle qui veut que l'on attire ce que l'on projette. En apprenant à utiliser cette loi pour la mettre au service de votre bien-être, vous allez diffuser de belles ondes de positivité, de joie, de bonheur et d'amour, et vous en attirerez en retour.

Grâce à ce programme, apprenez à activer la loi d'attraction, à poser vos intentions et à recevoir les petits cadeaux de la vie. Tout pour profiter du quotidien et pour réaliser vos rêves !

Prête à mettre des paillettes de bonheur et des bulles de joie dans votre quotidien ?

Welcome to a magical world!

Test : Quelle magical girl êtes-vous ?

Votre façon de consommer, de vivre, d'utiliser votre temps et votre énergie peut en dire long sur votre relation à l'abondance dans votre vie. Vivre dans l'abondance signifie avoir le sentiment d'une vie remplie de belles choses. Sauf que la vie d'une working girl est parfois tellement intense, que l'on est vite rattrapée par le temps. Et vous, après quoi courez-vous ?

Le matin c'est plutôt...

■ Zut, il est déjà 6 h 30 ! En 10 minutes, je suis lavée, habillée, maquillée… J'ai envoyé un SMS, consulté mon fil d'actu Facebook, avalé un café et sauté dans la voiture… Pas une minute à perdre.

◆ Yeah ! Quelle belle journée ! Après une salutation au soleil accoudée à la fenêtre et un bain chaud, je sirote une infusion gingembre-citron en feuilletant un magazine. De toute façon, à quoi bon courir, l'agenda sera aussi plein demain matin.

● C'est parti ! Avant toute chose, je consulte mon agenda et vérifie mes rendez-vous, je raye et complète les tâches de ma to-do list pour planifier ma journée. Objectif chaque matin : l'optimisation !

Au bureau, lorsque arrive la fin de la journée et que vous réalisez que vous ne terminerez pas tout ce qui était prévu, comment réagissez-vous ?

◆ Si je n'ai pas le temps ce soir, je terminerai demain ! Pas question d'arriver en retard à la crémaillère de Romain dans son nouveau studio.

● Tant pis, j'ai plein d'occasions de voir Romain, il comprendra. J'annule ma soirée et je fais des heures sup. De toute façon, si je ne termine pas, je ne vais pas passer une bonne nuit.

■ Panique à bord ! Même en travaillant toute la nuit, je n'arriverai pas à bout de ce dossier. Mon estomac se noue et les pires scénarios envahissent mon esprit. Stress maximum.

Chez vous, c'est plutôt...

● Minimaliste et nature. J'adore les beaux objets que je choisis avec soin pour que l'harmonie règne, mais pas question de m'encombrer de superflu. C'est plutôt cosy et zen.

■ Un véritable musée, je garde tout et mes placards débordent. C'est difficile pour moi de me séparer de mes souvenirs et de mes objets.

◆ Un appart tendance et zéro déchet où rien ne manque, mais où rien ne m'appartient. J'adore louer mes vêtements, mes meubles, mes sacs à main… Je n'aime pas m'encombrer d'affaires, je veux me sentir libre de tout quitter pour partir demain matin faire le tour du monde.

Lorsque quelque chose vous tracasse, votre sommeil est :

◆ Merveilleux. Ce n'est pas un souci qui m'empêchera de dormir comme un bébé.

● Agité. Je me réveille plusieurs fois dans la nuit et j'ai du mal à trouver le sommeil.

■ Compromis. Après avoir testé une méditation, des respirations et une tisane, rien à faire, et c'est un peu comme ça tous les jours.

Lorsque vous êtes trop sollicitée professionnellement, comment équilibrez-vous votre vie privée ?

■ Une seule envie, que l'on m'oublie pendant que je me réfugie sous la couette.

◆ J'arrive à tout mener de front, vie privée et professionnelle en jonglant de l'un à l'autre sans problème.

● Au boulot j'assure, mais côté perso, c'est le vide total. Pas le temps de faire les deux en même temps.

Quel est votre rapport à la nourriture en période de stress ?

● C'est variable. Tantôt, pour compenser la tension, j'ai des fringales incroyables, tantôt j'ai l'estomac qui se noue et impossible d'avaler quoi que ce soit. En gros, soit je prends 3 kilos, soit je les perds.

■ Mon transit se dérègle, c'est les montagnes russes dans mon intestin.

◆ Je suis vigilante à ne pas me laisser emporter par mes émotions. Je fais des pauses dans la journée (et hop, quelques minutes de méditation et un peu de sophrologie) pour me détendre. Et j'emporte au bureau des mélanges d'oléagineux et de fruits secs ou frais pour ne pas me jeter sur le premier paquet de biscuits venu.

Le téléphone sonne, vous venez d'apprendre une super bonne nouvelle ! Que faites-vous ?

◆ Je chorégraphie en 2 secondes une danse de la joie dans le métro, peu importe le regard des autres. J'appelle tout le monde et je poste l'info sur tous mes réseaux. J'ai envie de le crier sur les toits et je me sens pleine de joie et de reconnaissance.

● Je saute de joie en poussant un grand cri. C'est génial !

■ Je souris, je me sens tout simplement bien.

Au bureau, vous recevez un e-mail vous demandant de vous rendre immédiatement dans le bureau de votre boss. Que vous dites-vous ?

■ J'ai la boule au ventre. Je me demande ce que l'on va pouvoir me reprocher et, tout à coup, tous les scénarios se bousculent dans ma tête. J'en étais sûre, la présentation de lundi était catastrophique.

● Je me sens désarmée et je me précipite pour savoir à quelle sauce je vais être mangée.

◆ Je ne peux pas m'empêcher de penser que, ça y est, je vais enfin pouvoir lancer le projet que je souhaite monter depuis longtemps.

Vous rentrez chez vous et votre chéri a invité ses potes à regarder le match…

◆ C'est génial ! Il n'y a plus qu'à commander des pizzas !

■ Encore une soirée de gâchée. Non seulement j'aurais préféré qu'il me prévienne, mais j'aurais surtout préféré la passer avec lui.

● Chouette ! Deux ou trois coups de fil plus tard, je retrouve mes copines au resto.

Faites les comptes !

●	■	◆

Vous avez un maximum de ◆ : *Vous êtes déjà en mode life is magic !*

Votre devise : bien dans sa peau, bien dans sa vie ! Soucieuse de votre bien-être, vous savez gérer votre vie, la tête sur les épaules, en mode happy attitude. Avec un tel niveau d'énergie, vous pouvez déplacer des montagnes. C'est un super état d'esprit ! Mais pour ne pas vous éparpiller et ressentir une satisfaction profonde, soyez pleinement consciente de vos actions. Avec ce cahier, vous trouverez des astuces et des conseils pour vous recentrer sur ce qui est vraiment important et ce qui donne du sens à votre vie.

Vous avez un maximum de ● : *Vous avez du mal à être à l'écoute de vos besoins*

En vous, c'est les montagnes russes. Vous êtes parfois pleine de good vibes, parfois en bad trip… Vous gérez, mais vous avez l'impression de ne pas vous faire plaisir autant que vous l'aimeriez, de ne pas profiter suffisamment des bons moments… Votre challenge : apprendre à ralentir, à mieux écouter votre corps et ses besoins et surtout à accorder la priorité à ce qui en vaut vraiment la peine.

Vous avez un maximum de ■ : *Attention, vous êtes en mode bad vibes !*

Vous êtes du genre à voir le verre à moitié vide, à être tout le temps insatisfaite, à courir après votre vie. Vous n'arrivez pas à ralentir au moment même où c'est indispensable. Que vous soyez overbookée ou que vous soyez tout simplement prise dans le quotidien sans parvenir à écouter vos besoins profonds, vous n'arrivez pas à profiter de la vie. Votre challenge : retrouver l'envie et prendre conscience de ce qui compte vraiment.

Chapitre 1

L'abondance, comment ça marche ?

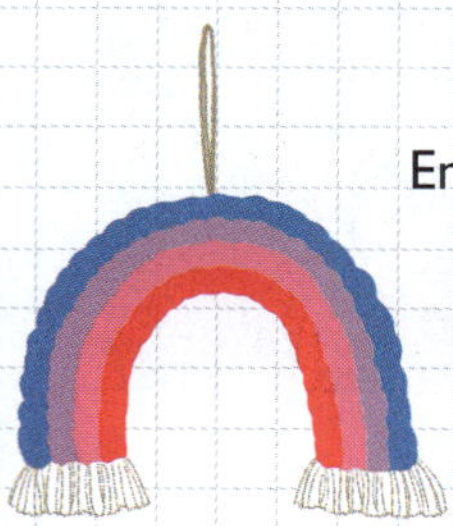

En mode licorne ! On ne vit pas sur un arc-en-ciel, pourtant, il y a vraiment deux façons de voir la vie. L'une où vous manifestez votre magie, l'autre où votre magie intérieure est étouffée. Il ne s'agit pas seulement de positive attitude, mais bien d'un état d'esprit. L'abondance, c'est une attitude complète (comportements, pensées, vocabulaire, émotions) et consciente. Alors, prête à essayer cette nouvelle méthode feel-good ?

Mais au fait, l'abondance, qu'est-ce que c'est ?

La première chose qui vient à l'esprit lorsqu'on parle d'abondance, c'est l'argent. Ce n'est pas tout à fait à faux, mais ce n'est pas tout à fait vrai non plus. Oui, la richesse est synonyme d'abondance. Mais l'argent ne représente qu'une seule sorte de richesse et n'est que l'une des nombreuses facettes de l'abondance. En réalité, l'abondance a plus à voir avec la prospérité et la richesse en général qu'avec l'argent. Vivre une vie abondante, c'est le fait de voir tous nos besoins totalement comblés. Et c'est là que ça devient magique !

Mais est-ce que je suis une good vibes girl, moi ?
L'abondance n'est pas un truc que vous avez ou que vous n'avez pas, c'est une chose qui est là, en vous. C'est votre petite magie intérieure, mais il se peut que vous n'en ayez pas conscience et que vous ne vous en serviez pas. Il faut juste reprendre contact avec vous-même, et ça viendra tout seul !

Riche de quoi, alors ?

L'abondance, c'est se sentir riche, quel que soit le domaine auquel on fait référence ! Par exemple :

- Être pleine d'énergie et en pleine forme
- Ressentir et recevoir plein d'amour et de reconnaissance
- Avoir beaucoup de temps et des moments pour soi
- Avoir plein d'amis et de proches qu'on adore
- Se sentir cultivée, pleine de passions
- Avoir lancé plein de projets passionnants
- Ressentir de belles émotions, un réel état de bien-être, être sereine, joyeuse…

Bref, ce sont à la fois les richesses intérieures et extérieures, ce qui comble le corps, l'esprit et l'âme. L'astuce pour repérer l'abondance dans votre vie ? Quand vous pouvez dire « j'ai plein de… » ou « je vis plein de… » ou « je me sens pleine de… ».

Je suis déjà riche de plein de choses !

Avec l'abondance, on cultive sa richesse, alors rien de mieux que de lister toutes les richesses que vous possédez déjà !

Je suis pleine de…	De quoi je manque ?
•	• ....
•	• ....
•	• ....
•	• ....
•	• ....
•	• ....
•	• ....

L'abondance, qu'est-ce que ça va changer ?

Même si vous avez déjà beaucoup de sources de satisfaction, vous ressentez toujours un petit arrière-goût amer. O.K., vous avez plein de petites richesses dans votre vie, mais alors pourquoi est-ce que vous ne vous sentez pas aussi satisfaite et heureuse que vous le devriez ? Pourquoi avez-vous la sensation de ne jamais profiter suffisamment ? Il ne s'agit pas d'enchaîner les sorties ou les voyages, mais de savourer ces richesses quand elles se présentent. Il ne suffit pas de les posséder, il faut savoir en prendre soin. Et pour cela, il est nécessaire de profiter de l'instant, de vous écouter, de prendre conscience de ce que vous vivez au lieu de passer votre temps à courir. Il s'agit donc surtout d'être consciente de vos sources de satisfaction, pour en profiter pleinement. Vivre dans l'abondance, c'est vivre dans un monde où le manque n'existe pas. Tout à coup, vous accédez à plus de… tout !

Les 9 bonnes raisons de cultiver l'abondance

1. Pour dire bye bye à l'insatisfaction

« Je n'ai pas le temps », « je n'ai pas la motivation », « je n'ai pas l'énergie », « je n'ai pas les moyens », « je ne suis pas assez ceci ou cela »… Toutes ces phrases indiquent des manques ! Manque de temps, de motivation, d'énergie, de moyen, de ressources, de volonté, d'estime de soi, de confiance en soi… Et cela crée des frustrations et des insatisfactions. L'abondance inverse le processus. Non seulement elle met l'accent sur les satisfactions que vous possédez, mais elle met aussi en place un système pour en attirer d'autres. Pour cela, il faut éviter complètement les manques, car le manque attire le manque, et inversement !

2. Pour booster votre bonheur et votre joie

Lorsque vos besoins ne sont pas totalement comblés, ils créent un vide à l'intérieur de vous. Résultat, vous avez le moral dans les chaussettes. En tout cas, cela impacte votre état de bonheur. En cherchant à attirer l'abondance, vous développez votre positivité. Votre façon de percevoir la vie et votre manière d'aborder les tracas du quotidien changent. Vous ne vous focalisez plus sur la moitié vide, mais sur la moitié pleine. L'abondance permet de se concentrer sur ce que nous obtenons plutôt que sur ce que nous pourrions obtenir. En cultivant l'abondance, on cultive aussi la positive attitude et la gratitude et on se sent plus heureuse.

3. Pour mieux vous connaître

Pour utiliser l'abondance, on identifie les richesses de sa vie, mais on reprend aussi contact avec ses envies et ses besoins profonds, car ce sont eux que nous avons besoin de combler pour nous sentir vraiment satisfaites. Cela demande donc d'apprendre à se connaître. Eh oui, ce n'est pas en vous gavant de petits plaisirs qui ne vous apportent pas grand-chose que vous vous sentirez mieux ! Découvrir vos envies profondes et y répondre est la seule façon de vous rendre plus heureuse.

4. Pour reprendre le contrôle de votre vie

Non ! Ce n'est pas votre job, le temps qui manque, la pression qui dirigent votre vie… C'est vous ! À chaque fois que l'on se plaint d'une situation, qu'on râle, qu'on pense que c'est la faute d'un événement ou d'un autre (alerte excuse : dès que votre pensée commence par « si » ou « oui, mais », c'est que vous vous trouvez des justifications), vous ne prenez pas vos responsabilités, vous laissez les circonstances diriger votre vie. Pour attirer à vous ce que vous souhaitez, il est nécessaire de prendre les choses en main. Il faut décider de changer leur cours, poser une intention en conséquence, y mettre toute sa foi et toute son énergie et passer à l'action. Prenez le pouvoir de changer en vous pour que tout change autour de vous. *Yes, you can!*

5. Pour écouter vos besoins profonds

Nous l'ignorons, mais nous avons toutes des besoins qu'il est fondamental de combler au risque de nous sentir mal dans notre peau, frustrées ou dépassées. Attirer l'abondance dans votre vie, c'est écouter vos besoins et chercher par tous les moyens à les combler pour vous sentir plus heureuse. Dès lors, ces sensations de frustration, d'insatisfaction ou de mal-être dans votre vie ne seront plus des sentiments parasites, mais des indicateurs à écouter pour déceler vos véritables besoins.

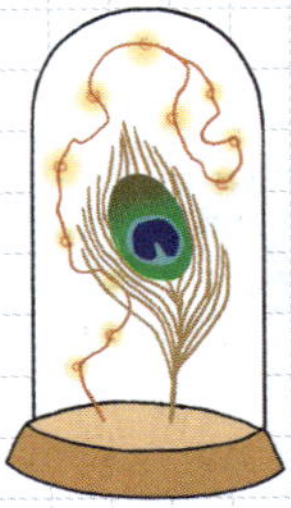

6. Pour réaliser vos rêves et vos projets

Vous avez sans doute des rêves enfouis que vous n'avez pas eu l'opportunité, les moyens ou le courage de réaliser. Des désirs remis à plus tard, des projets entamés et laissés à l'abandon, des envies secrètes qui vous semblent inaccessibles… L'abondance, c'est aussi permettre à ces rêves d'exister et les transformer en projets, leur donner enfin vie !

7. Pour avancer dans la vie

Avec l'abondance, plus de bad vibes ! Vous avancez vers la joie, le bien-être et ce qui donne du sens à votre vie. De quoi vous sentir plus sereine !

8. Pour booster votre confiance en vous

C'est la base ! Vivre dans l'abondance, c'est faire confiance à votre voix intérieure, c'est se reconnecter à votre intuition pour ne plus vous laisser guider par vos peurs. C'est se connecter à ses aspirations profondes tout en décuplant sa foi en soi et en la vie. La seule façon de réaliser ses souhaits est d'y croire à fond. Alors croyez en vous et en la vie !

9. Pour vous sentir libérée !

Avouez-le, ce qui vous freine, vous empêche de vous réaliser et de vivre une vie pleine et abondante porte un nom : c'est la peur. Elle se traduit par des doutes, des craintes, des hésitations, de la procrastination… Lorsque vous développez votre abondance, la peur ne disparaît pas pour autant (dommage !), mais elle ne vous empêche plus d'agir !

Le secret de l'abondance : la loi d'attraction

Attirer ce que l'on souhaite, O.K., mais comment faire sans baguette magique ? Tout simplement grâce à la loi d'attraction !

La loi d'attraction, qu'est-ce que c'est?

La loi d'attraction est une loi universelle qui dit que l'on attire ce que l'on projette. Elle s'applique, que l'on en soit conscient ou pas, qu'on la sollicite ou pas, que l'on y croie ou pas, qu'on le veuille ou pas. En bref, la loi d'attraction est déjà à l'œuvre dans votre vie, qui que vous soyez (que vous ayez le sentiment de la mériter ou pas, c'est pareil), même si vous ne la connaissez pas encore et même si vous ne savez pas encore l'utiliser.

Le pouvoir des pensées…

Avez-vous déjà remarqué que lorsque vous pensez que votre journée sera mauvaise elle le devient fatalement ? Que lorsque vous pensez que vous tombez toujours sur le même genre de mec peu fiable, le prochain le sera forcément ? Que si vous avez peur de finir à découvert ce mois-ci, il y a un gros risque que vous finissiez le mois dans le rouge ? Que si vous avez peur de grossir, vous risquez de prendre des kilos ?… En fait, ces pensées négatives que vous projetez finissent par attirer exactement ce que vous craignez. Soyez vigilante, votre pensée est créatrice ! Et ce n'est pas très compliqué de comprendre pourquoi : vos pensées vous

paramètrent d'une part, et elles sont perceptibles par les autres d'autre part. En vous programmant à passer une mauvaise journée, votre esprit ne va se focaliser que sur les aspects négatifs, renforçant ainsi votre idée initiale. En pensant que vous attirez toujours des hommes qui ne sont pas sérieux, vous envoyez aux autres le message que vous êtes dans le doute, ce qui conduit à être approchée par des personnes mal intentionnées. La boucle est bouclée. La bonne nouvelle, c'est que ça fonctionne aussi à l'inverse ! Quand on diffuse de bonnes pensées, on attire de bonnes choses !

… et de vos émotions

Nos pensées ne seraient rien sans nos émotions pour manifester la loi d'attraction. En effet, nos pensées génèrent une émotion, et l'émotion est un très puissant moteur qui va renforcer le pouvoir de manifestation de la loi d'attraction. En gros, plus on a peur (de manquer, de perdre, de ce qui pourrait nous arriver), et plus on diffuse des émotions qui vont créer ce genre de situations. Rappelez-vous, on envoie des messages inconscients à notre cerveau !

Une question de vibrations

Avec l'abondance, on parle de vibrations. On dit que les pensées attirent ce qui vibre à la même fréquence. En clair : si vous diffusez de bonnes vibrations, vous en recevrez de bonnes. On peut le prendre comme une métaphore ou comme une réalité, mais cela représente bien la loi d'attraction.

Un peu de science…

Avant les découvertes d'Albert Einstein, on pensait que la matière et l'énergie étaient différentes. Or, les travaux du physicien ont démontré que l'énergie pouvait elle aussi avoir différentes formes. Ainsi, nos pensées seraient de l'énergie et elles émettraient des vibrations qui attirent à elles d'autres formes d'énergies, que ce soient des objets ou des expériences de vie. Cela explique que, parfois, nous attirons à nous ce que nous pensons, même inconsciemment, un peu comme un aimant. La physique quantique affirme que tout dans notre univers est composé d'énergie et de vibrations. La matière qui nous compose (et celle qui nous entoure) ne serait pas telle que nous l'imaginons. Cette matière qui nous semble si solide serait en fait constituée de 99 % de vide. Ce vide serait lui aussi de l'énergie qui contient de l'information à laquelle nous serions tous interconnectés. De ce fait, nous serions tous émetteurs et récepteurs. Nos pensées, nos paroles, nos actes émettraient des vibrations. Les pensées d'amour contribueraient à favoriser une vie meilleure en attirant dans notre champ d'énergie des circonstances et des expériences positives.

Je stoppe les bad vibes !

La plupart du temps, nous n'avons pas la bonne réaction face au stress, aux retards de transports, aux bouchons, aux ordinateurs qui tombent en panne, à la pluie qui gâche notre week-end. Nous râlons, nous angoissons… Exactement ce qu'il ne faut pas faire ! Car, insidieusement, nous attirons encore plus de raisons de nous plaindre. Ce sur quoi l'on se concentre prend de l'ampleur. La solution est de déplacer son focus pour zoomer sur les bonnes choses et non pas sur ce qui nous déplaît dans notre existence.

Mon exo anti-bad vibes

Essayez la prochaine fois que vous serez prise dans un bouchon. Au lieu de visualiser le pire des scénarios et de nourrir votre colère, si vous vous mettiez à méditer ? Allez hop, on se concentre sur sa respiration. On accepte de « peut-être » arriver en retard. À votre avis, quelle est la solution la plus favorable puisque de toute façon vous ne pouvez rien faire face au bouchon ?

En pratique : fermez les yeux et faites le vide grâce à quelques respirations profondes. Puis laissez remonter vos sensations (votre ventre, vos trapèzes ou vos bras sont-ils crispés ?).

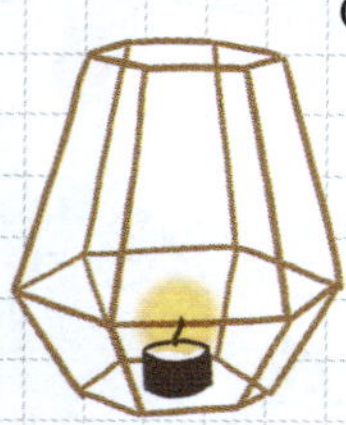

Ce sont les manifestations des bad vibes créées par vos émotions. Une fois que toutes ces sensations sont bien présentes à votre esprit, prenez une grande inspiration puis bloquez vos poumons en contractant de toutes vos forces une des zones crispées pendant plusieurs secondes. Puis relâchez la tension et tout votre corps, tout en expirant. Recommencez sur cette même zone tant que la tension reste perceptible, puis passez éventuellement aux autres zones.

Un cercle vicieux redoutable !

Comme tout est énergie et que cette énergie attire à elle ce qui vibre sur la même fréquence, il suffit, pour manifester ce que vous souhaitez, d'émettre des pensées positives en lieu et place des pensées négatives (manque, perte, conflit, souci, problème…). Cela revient à dire que vos pensées négatives du genre « on ne peut compter sur personne », « je vais encore arriver en retard », « je n'aurai jamais suffisamment de temps pour finir ce dossier… » vont automatiquement générer un sentiment de manque de confiance, de peur des conséquences, de manque de temps… et ces sentiments vont entraîner des actions en lien. Et même si vous mettez en place toutes sortes de stratagèmes pour éviter de vous faire avoir, vous ne faites en réalité qu'attirer à vous des gens ou des situations qui vous conforteront dans vos craintes et dans vos croyances. Tant que vous aurez, au fond de vous, des pensées négatives, vous attirerez des émotions ou des événements négatifs !

Les 3 piliers de la loi d'attraction

L'intention

Pour solliciter favorablement la loi d'attraction, il y a une méthode. D'abord, il est nécessaire de poser une intention. C'est la pensée qui doit attirer ce que vous souhaitez. Mais une intention ne se formule pas une fois pour être oubliée ensuite. Créer et réaliser un changement, cela commence par définir ce que l'on veut vraiment et s'y tenir en le répétant tous les jours. Pour que la loi d'attraction fonctionne, il faut donc y consacrer toute son attention. C'est ainsi qu'on offre la puissance suffisante à sa pensée pour attirer les bonnes vibrations.

L'attitude

Le second levier de la loi d'attraction est la foi. Si vous êtes totalement persuadée de vos pensées, alors vous mettrez tout en œuvre pour que celles-ci se réalisent. Si vous pensez dur comme fer que vous méritez le job pour lequel vous avez postulé, alors vous l'obtiendrez, car toute votre détermination et votre assurance ne pourront manquer de convaincre le recruteur ! Si vous y croyez à fond, pas de doute que vous saurez repérer les opportunités pour réaliser votre projet. Non seulement la loi d'attraction s'appuie sur la foi, mais aussi sur une attitude d'ouverture à la vie : il faut apprendre à recevoir les opportunités qui se présentent et à donner de soi (en étant positive et généreuse avec les autres).

L'action

L'abondance est magique, mais pas au point de réaliser vos rêves sans que vous n'ayez rien à faire. L'abondance vous apporte les opportunités, à vous de les saisir. À vous aussi de travailler pour créer ce que vous souhaitez. En élaborant une routine quotidienne (routine de travail sur votre projet, routine de travail sur vous pour changer votre état d'esprit), vous pourrez mettre toutes les chances de votre côté et développer de nouvelles habitudes pour encore plus de bonheur dans votre vie. Vous changez puis les choses changent, jamais le contraire !

Le mythe des 21 jours
Benjamin Gardner et Susanne Meisel, professeur et psychologue au Health Behaviour Research Centre of the University College of London, ont réalisé une étude sur les habitudes. Il ressort de leur travail qu'il faut entre 18 et 245 jours pour que de nouveaux comportements deviennent habituels. En outre, ils considèrent qu'une durée de 66 jours est une moyenne pour les changements de fonctionnements complexes comme faire du sport. Cette moyenne varie selon la complexité du nouveau comportement mais aussi de la motivation. Alors soyez persévérante et restez surtout motivée !

Qu'est-ce que l'abondance peut m'apporter ?

Quel besoin devez-vous combler ? Avant de solliciter la loi d'attraction dans un but précis, il est important de commencer par la base : ce dont vous avez vraiment besoin. Que ce soit pour vous, votre corps, votre esprit, votre développement personnel ou votre satisfaction dans tous les domaines, faites le point !

Me, myself & les besoins de mon être

Vous n'êtes pas qu'un corps, celui-ci abrite aussi un esprit et une âme. Chacune de ces trois parties a des besoins différents. Or, nous avons surtout tendance à nourrir notre mental, très souvent au-delà de ses besoins, et au détriment des besoins des autres parties, lesquelles participent davantage à votre bien-être. L'abondance, c'est faire en sorte de combler tous les besoins de votre être de façon équilibrée.

De quoi mon corps a-t-il besoin ?

Votre corps a besoin de nourriture, de mouvements, de vêtements pour se protéger, de respirer, de boire, de dormir… L'abondance pour votre corps, c'est être plein de santé et de vitalité, d'exploiter (voire de développer) son potentiel tout en étant soigné. Pour cela, faire du sport est indispensable, et il faut faire attention aux excès : le nourrir oui, mais pas n'importe comment ! Le vêtir oui, mais sans le faire souffrir (avec des chaussures trop hautes ou trop étroites, des matières agressives ou de mauvaise qualité), l'hydrater oui, mais pas avec des sodas et de l'alcool… Il ne s'agit pas de vous mettre la pression, mais de ne pas maltraiter votre corps et d'être à l'écoute de vos besoins de sommeil, de repos, d'hydratation…

De quoi ne pourriez-vous jamais vous lasser pour votre corps ?

- ❑ De nourriture healthy
- ❑ De jolis vêtements de qualité
- ❑ De bains cocooning
- ❑ De massages
- ❑ De sport
- ❑ ……………………………………………
- ❑ ……………………………………………
- ❑ ……………………………………………
- ❑ ……………………………………………

De quoi mon esprit a-t-il besoin ?

Normalement, vous n'avez pas besoin d'en rajouter. Il est souvent le plus gâté des trois. Votre mental a besoin d'analyser, de comprendre, de lire, de planifier… Pour vivre dans l'abondance, vous devrez apprendre à calmer les pensées de votre mental qui, trop souvent, sont porteuses de croyances qui vous limitent. Le mental vous pousse à atteindre un idéal sans tenir compte de vos aspirations et de vos besoins, car il est soucieux du regard des autres. En comblant les besoins des autres parties de votre être et en cessant de le laisser prendre le contrôle, vous rétablirez l'équilibre en le mettant au service de vos rêves.

De quoi ne pourriez-vous jamais vous lasser pour votre esprit ?

❑ De réfléchir
❑ D'apprendre
❑ De travailler
❑ De communiquer sur vos réseaux
❑ D'organiser des soirées
❑ ……………………………………………
❑ ……………………………………………
❑ ……………………………………………
❑ ……………………………………………
❑ ……………………………………………

Mon âme et ses besoins

De façon laïque, votre âme est cette partie intuitive en vous. Elle peut d'ailleurs être baptisée autrement : moi supérieur, intuition… Votre âme est trop souvent négligée, et ses besoins passent trop souvent inaperçus. Sa nourriture se trouve principalement dans le silence, dans la créativité, dans ce que vous aimez, dans les moments de contemplation (couchers de soleil, musique…).

De quoi ne pourriez-vous jamais vous lasser pour votre âme ?

❑ De musique
❑ De méditation
❑ De randonnées en forêt
❑ De marche
❑ D'expositions d'art
❑ De rêves
❑ De lecture
❑ ……………………………………………
❑ ……………………………………………
❑ ……………………………………………
❑ ……………………………………………
❑ ……………………………………………

L'abondance dans les domaines de ma vie

Il faut combler toutes les composantes de votre être, mais il est aussi nécessaire de vous demander comment booster votre satisfaction dans vos différents domaines de vie. Définissez ce qui est important pour vous, et sollicitez la loi d'attraction pour combler ces besoins !

Domaine de vie 1 : ce que j'aime faire (loisirs, activités...)

J'évalue ma satisfaction dans ce domaine :

❑ 1 ❑ 2 ❑ 3 ❑ 4 ❑ 5 ❑ 6 ❑ 7 ❑ 8 ❑ 9 ❑ 10

Pas satisfaite … Comblée

Si vous laissiez s'exprimer l'abondance dans ce domaine, que feriez-vous ?

- ❑ Je ferais du yoga tous les jours
- ❑ Je me réserverais 1 h par jour pour lire
- ❑ Je visiterais une capitale chaque année
- ❑ ……………………………………………
- ❑ ……………………………………………
- ❑ ……………………………………………

Domaine de vie 2 : ma forme et ma santé...

J'évalue ma satisfaction dans ce domaine :

❑ 1 ❑ 2 ❑ 3 ❑ 4 ❑ 5 ❑ 6 ❑ 7 ❑ 8 ❑ 9 ❑ 10

Pas satisfaite … Comblée

Si vous laissiez s'exprimer l'abondance dans ce domaine, que feriez-vous ?

- ❑ J'aurais une alimentation plus équilibrée
- ❑ Je ne sauterais plus de repas
- ❑ Je perdrais mes 3 kilos en trop
- ❑ ……………………………………………
- ❑ ……………………………………………
- ❑ ……………………………………………

Domaine de vie 3 : mon job...

J'évalue ma satisfaction dans ce domaine :

❑ 1 ❑ 2 ❑ 3 ❑ 4 ❑ 5 ❑ 6 ❑ 7 ❑ 8 ❑ 9 ❑ 10

Pas satisfaite … Comblée

Si vous laissiez s'exprimer l'abondance dans ce domaine, que feriez-vous ?

- ❑ Je deviendrais free-lance
- ❑ J'oserais m'affirmer davantage et poser des limites
- ❑ Je serais plus active et je monterais des projets plus personnels
- ❑ ……………………………………………
- ❑ ……………………………………………
- ❑ ……………………………………………

Domaine de vie 4 : mes apprentissages...

J'évalue ma satisfaction dans ce domaine :

❑ 1 ❑ 2 ❑ 3 ❑ 4 ❑ 5 ❑ 6 ❑ 7 ❑ 8 ❑ 9 ❑ 10

Pas satisfaite … Comblée

Si vous laissiez s'exprimer l'abondance dans ce domaine, que feriez-vous ?

- ❑ Je ferais un stage de botanique ou d'herboristerie
- ❑ Je ferais un stage de voile
- ❑ Je prendrais des cours de cuisine japonaise
- ❑ ……………………………………………
- ❑ ……………………………………………
- ❑ ……………………………………………

Domaine de vie 5 : mon budget…

J'évalue ma satisfaction dans ce domaine :

1 2 3 4 5 6 7 8 9 10

Pas satisfaite — Comblée

Si vous laissiez s'exprimer l'abondance dans ce domaine, que feriez-vous ?

- ❑ Je passerais moins de temps à travailler et plus à m'occuper de mes passions
- ❑ Je ferais le tour du monde
- ❑ J'aurais un coach en développement personnel pour m'aider à m'épanouir davantage et à vivre mieux
- ❑ ....
- ❑ ....
- ❑ ....

Domaine de vie 6 : ma love story…

J'évalue ma satisfaction dans ce domaine :

1 2 3 4 5 6 7 8 9 10

Pas satisfaite — Comblée

Si vous laissiez s'exprimer l'abondance dans ce domaine, que feriez-vous ?

- ❑ Je trouverais mon partenaire idéal
- ❑ J'organiserais des week-ends en couple chaque mois
- ❑ Je me sentirais libre et aimée
- ❑ ....
- ❑ ....
- ❑ ....

Domaine de vie 7 : ma vie sociale…

J'évalue ma satisfaction dans ce domaine :

1 2 3 4 5 6 7 8 9 10

Pas satisfaite — Comblée

Si vous laissiez s'exprimer l'abondance dans ce domaine, que feriez-vous ?

- ❑ Je verrais mes amis plus souvent
- ❑ J'organiserais des afterworks avec mes collègues
- ❑ Je me sentirais plus soutenue et entourée
- ❑ ....
- ❑ ....
- ❑ ....

Maintenant, que pourriez-vous faire pour essayer de réaliser au moins 3 de ces désirs ?

C'est peut-être le moment de rajouter dans votre Bullet Journal des créneaux pour les amis, les activités, les cours, les voyages et de commencer à planifier. Le temps, on ne l'a jamais, on le prend tout de suite ! La méthode pour s'y mettre et manifester l'abondance, c'est dans le chapitre suivant !

Chapitre 2

Je crée la magie !

Comment fait-on, concrètement, pour activer la loi d'attraction ? Avec ce mini-programme en 4 étapes : définissez ce que vous voulez vraiment, posez vos intentions, cultivez vos intentions au quotidien et progressez vers votre but. Go !

Step 1 : je définis ce que je veux vraiment

Pour vivre dans l'abondance, inutile de s'éparpiller ou de voir trop grand. La première étape consiste à être au clair avec ce que l'on veut vraiment : dans quel domaine aimeriez-vous booster votre sentiment d'abondance ? Souhaitez-vous manifester votre abondance envers vous-même (dans votre bien-être corporel, mental) ou dans un domaine de vie en particulier ? Par exemple dans votre vie sociale, votre vie amoureuse, votre vie pro, votre développement personnel ou vos loisirs ? Mais peut-être aussi que vous avez un rêve que vous aimeriez réaliser…

De quoi je rêve ?

Faire le tour du monde, devenir free-lance, monter un projet… Vous avez peut-être envie de solliciter la loi d'attraction pour réaliser ce rêve qui vous tient à cœur mais que vous n'avez jamais osé lancer ? Ou peut-être en avez-vous de plus modestes mais tout aussi importants à vos yeux ? Comme vous occuper davantage de vous, vous cultiver davantage, passer plus de temps avec les personnes que vous aimez ?

Ma dream list

Dans un petit carnet, écrivez tout ce qui vous fait rêver. Pour l'instant, zéro limite ! Listez TOUS vos rêves, toutes les expériences, même ceux qui vous paraissent basiques, et surtout ceux qui vous semblent inaccessibles. Pour cela, concentrez-vous sur ce qui vous passe par la tête, sur les rêves que vous gardez profondément enfouis, mais aussi sur la liste

des besoins établie p. 15 à 18 (les besoins de votre être et vos besoins dans chaque domaine de vie). Les questions à vous poser :

1. De quoi ai-je absolument besoin ? (voir p. 15)

2. Qu'est-ce que j'aimerais expérimenter ?

3. Qu'est-ce que je voudrais posséder ?

4. Qu'est-ce que je souhaite réaliser ?

Je fais le tri et je me concentre sur ce qui compte

Avoir beaucoup d'envies, c'est bien. Mais seulement ce qui compte vraiment, car ce qui donne du sens à votre vie va vous donner cette sensation d'abondance. Faire le tri sert à ne pas s'éparpiller. Nous avons toutes une ou plusieurs aspirations qui nous tiennent à cœur, mais auxquelles nous ne consacrons pas toute l'attention qu'elles méritent. Pas étonnant qu'elles ne se développent pas. L'énergie va là où se porte notre attention. Ce sur quoi l'on s'attarde grandit et s'amplifie, c'est pourquoi il est fondamental de donner une place à ce qui nous fait vibrer et de reléguer ce qui est moins important. C'est le moment de reprendre votre liste ci-dessus et de la passer au tamis de ces 2 questions essentielles :

Qu'est-ce qui me rend vraiment heureuse ?	Qu'est-ce que je peux faire pour l'être encore plus ?

Puis, une fois que vous aurez répondu à toutes ces questions et listé toutes vos réponses, numérotez-les : de celles qui vous font le moins vibrer à celles qui vous enthousiasment le plus. Laquelle provoque une vague de joie en vous ? Tous ces rêves n'attendent qu'une impulsion pour se transformer en projets et vous apporter le sentiment d'abondance !

La méthode de tri selon ce qui rend heureux ne vous convient pas et ne vous permet pas de choisir ? Essayez la méthode de l'entonnoir : sur une grande page, dessinez un triangle, pointe en bas, et divisez-le en 6 étages. Dans l'étage supérieur (base du triangle), notez la liste de vos rêves. Procédez comme le ferait un tamis : au 5ᵉ étage, n'inscrivez plus que 5 idées de cette liste. Au 4ᵉ, 4 idées issues de la liste du 5ᵉ étage. Ainsi de suite jusqu'au 1ᵉʳ étage, la pointe du triangle, qui ne contiendra plus que LE rêve essentiel !

Mon objectif :

....

....

....

Est-ce que mon rêve s'inscrit dans mon projet de vie ?

Un rêve n'est pas à prendre à la légère, il participe à une vision. Ici, pas de boule de cristal. Avoir une vision signifie avoir une idée précise de ce que l'on veut faire de sa vie. C'est à la fois connaître le but et les étapes pour y parvenir. Par exemple, dans le tableau-autoportrait *Clairvoyance* de Magritte, le peintre regarde un œuf et, sur sa toile, il représente un oiseau.

Avoir une vision, c'est partir de sa vie actuelle et décider quelle suite lui donner. Plus on se projette et plus on a de chance d'atteindre les objectifs qu'on se sera fixés. Moins l'on se projette et plus on laisse la vie décider pour nous. Au-delà de votre rêve, prenez le temps de vous poser pour réfléchir à votre vision, c'est-à-dire à votre projet de vie. Votre rêve s'inscrit-il bien dedans ? Ou bien, à l'inverse, ce rêve éveille-t-il une vision à laquelle vous n'aviez jamais pris le temps de penser ?

Si j'ai un projet pro, comment savoir s'il me correspond bien ? Avec l'*ikigaï* !

Ce mot japonais signifie à la fois « joie de vivre » et « raison d'être ». C'est une philosophie de vie au Japon à base de bien-être et de sérénité. L'idée ? Être aligné dans tous les domaines. À partir de cette idée a été inventé un outil très pratique pour trouver sa mission de vie. Composé de 4 cercles entrecroisés créant des zones de jonction entre eux et une zone au centre, cet outil sert à trouver ses projets de vie. En effet, il s'agit de lister dans chacun des 4 cercles ce que nous aimons, ce pour quoi nous sommes douées, ce pour quoi on peut être payé et ce dont le monde a besoin. En recoupant les réponses, on parvient à sa mission de vie, un projet qui aligne à la fois nos passions, notre vocation, notre mission et notre profession. S'il a une dimension professionnelle ou vraiment globale, votre projet répond-il aux 4 cercles ? Si c'est le cas, il vous correspond parfaitement et vous apportera l'équilibre et l'abondance dans tous les domaines !

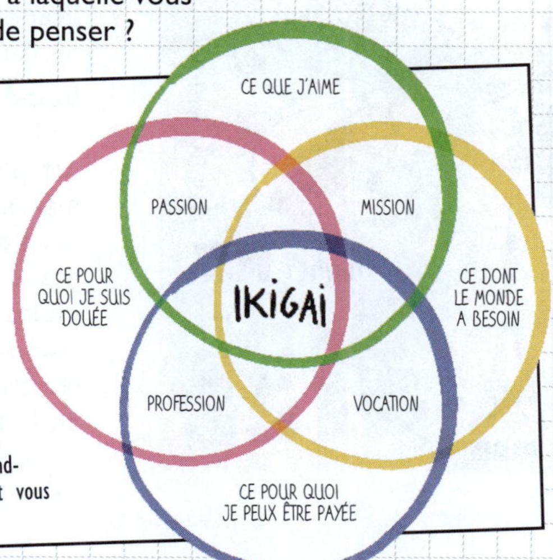

Je visualise mon objectif !

Une fois que l'on a bien identifié ses rêves et l'objectif d'abondance que l'on s'est fixé, pourquoi ne pas le mettre en image et en texte ? C'est tout le but d'un vision board : matérialiser ses désirs et les avoir sous les yeux pour renforcer son focus. Il s'agit d'un tableau composé de photos, de dessins, de mantras qui évoquent votre objectif. Il n'est pas nécessaire d'être une artiste, vous pouvez juste coller des images. Choisissez une feuille A3 minimum, assez épaisse pour avoir de la tenue. Vous pouvez aussi utiliser un tableau en liège ou magnétique ou encore coller cette feuille sur un carton. Ce doit être joli, car ce vision board est destiné à être suspendu en évidence chez vous. C'est pourquoi vous devez le soigner et prendre le temps de le décorer.

Mon vision board

- **Étape 1.** Préparez tous les visuels (symboles, photos, images, dessins, citations inspirantes en rapport avec l'objectif ou phrases de motivation). Ils doivent tous avoir un impact émotionnel.
- **Étape 2.** Prévoyez au centre une belle photo de vous-même, votre objectif ou une citation qui le représente. Si votre objectif est d'avoir plus de temps pour voyager, vous pouvez mettre une photo de vous avec des monuments de différents pays ou écrire « je fais le tour du monde ». Cette phrase doit vous parler et vous inspirer.

- **Étape 3.** Disposez les autres visuels harmonieusement sans les coller. Démarrez du milieu et ensuite garnissez l'ensemble.
- **Étape 4.** Revenez-y quelques jours plus tard pour vous assurer que vous êtes toujours satisfaite du résultat.
- **Étape 5.** Fixez les visuels (que vous avez préparés lors de l'étape 1) sur le support.
- **Étape 6.** Prenez votre tableau en photo et mettez-le en fond d'écran sur votre téléphone, votre ordinateur, votre tablette… Enfin, trouvez-lui une place dans la maison : votre chambre, la salle de bain… Il est nécessaire de le mettre dans un endroit où vous ne risquez pas de le manquer. Attardez-vous à le regarder au moins 2 fois par jour et surtout à ressentir ce que sa vision crée en vous. Si vous avez bien sélectionné vos visuels, des émotions positives doivent être provoquées en le regardant.

Step 2 : je pose mes intentions

Maintenant que ce que vous souhaitez est bien défini, il s'agit de solliciter la loi d'attraction pour le réaliser. Pour cela, vous allez poser vos intentions !

L'intention, comment ça marche ?

L'intention est à la fois la formulation de votre souhait et la motivation que vous mettez en lui. Pour activer la loi d'attraction, la base est de poser une intention. Ce sont les bonnes ondes de cette intention, sa force, qui vont déterminer la réponse de l'univers à votre souhait.

Comment formuler mon intention ?

Formuler une intention est un exercice très précis dont va dépendre son efficacité. L'intention doit définir concrètement et précisément ce que vous souhaitez afin qu'il puisse se réaliser concrètement.

L'intention doit être spécifique

Plus elle l'est et plus elle a de chance d'aboutir. Spécifique signifie qu'elle est exprimée précisément, sans équivoque. La formulation doit être la plus précise possible. Par exemple, « je veux avoir du temps pour lire » n'est pas spécifique, alors que « je veux lire un livre par mois » l'est. « Je veux me sentir mieux dans mon corps » serait plus spécifique s'il était formulé ainsi : « je veux perdre 3 kilos et avoir un ventre plat et musclé ». Ou encore « je veux arriver à m'affirmer » n'est pas spécifique, alors que « je veux refuser les missions lorsque je me sens débordée » l'est. En lisant l'intention, on doit comprendre quels résultats on veut atteindre. Et pour que cela décuple notre abondance, cela doit répondre à un manque : de temps, de sport, de connaissances, de reconnaissance, d'argent…

L'intention doit être mesurable

Ici, on cherche à avoir un indicateur de résultat. Pour cela, il suffit de compléter la question suivante : « mon intention se sera réalisée quand j'aurai… » par : « mon intention se sera réalisée lorsque, au bout de 4 semaines, j'aurai lu 4 livres », ou « mon intention se sera réalisée lorsque j'aurai perdu 3 kilos et que les muscles de mon ventre seront visibles »…

L'intention ne doit pas dépendre de quelqu'un d'autre

Cette réalisation doit être de votre seule et unique responsabilité, condition *sine qua non* pour être assurée de sa réalisation. Lorsqu'une intention implique votre chéri, vos amis, vos collègues ou votre boss et que le résultat que vous souhaitez obtenir est conditionné par leur implication, vous vous retrouvez face à 2 choix :

1. Y renoncer. Car cela risque d'être compromis si certains ne s'impliquent pas ou manquent de motivation.
2. La reformuler pour qu'elle ne dépende que de vous.

Par exemple : si votre intention est de vivre au Canada avec votre chéri, mais que lui adore Paris, ça va se jouer à pile ou face ! Toutes les intentions nécessitant l'aval de quelqu'un d'autre sont à proscrire ! Il s'agit de votre vision de l'abondance, pas question de l'imposer. La reformuler pourrait ressembler à cela : « prendre des billets pour le Canada avec mon chéri ».

L'intention doit être réaliste

Ce qui revient à dire qu'elle doit vous sembler atteignable et pas utopique. Si vous n'y croyez pas, il y aura peu de chance pour que vous y parveniez. C'est aussi la raison pour laquelle, au début, il faut éviter de s'attaquer à des objectifs trop ambitieux. Si votre intention est de courir le marathon de New York et que vous n'avez jamais réussi à courir plus de 45 minutes, ce n'est pas possible pour l'instant, mais c'est un challenge très important qui va demander beaucoup d'implication, de motivation, de volonté… Et vous risquez de devoir faire face à votre auto-saboteur intérieur : « Non, mais t'es sérieuse ! » Si vous pensez vraiment que votre intention est réaliste, foncez. Dans le cas contraire, trouvez un méta-objectif (une étape dans votre objectif principal) plus réaliste, comme, par exemple, courir 10 kilomètres dans 2 mois en s'entraînant 3 fois par semaine.

L'intention doit avoir une date d'échéance

Il faut se fixer un délai pour sa réalisation. Pour cela, il suffit de choisir une date (le 4 janvier), un délai (dans 3 mois), ou un repère dans le temps (après les vacances de la Toussaint). C'est important pour garder un cadre et éviter la procrastination. Si vous avez tout votre temps, vous risquez de le prendre et de ne pas être suffisamment impliquée. En établissant une échéance, cela vous engage, c'est comme un pacte que vous faites avec vous-même. À charge pour vous de définir cette échéance de façon réaliste pour que cela ne soit ni trop stressant, ni trop laxiste.

L'intention doit être formulée positivement

Il est interdit d'utiliser la négation. Nous avons une propension à exprimer ce que l'on ne veut pas plutôt que ce que l'on veut. Pourtant, ce n'est vraiment pas la même chose. Dire : « je ne veux plus faire ce métier » est bien moins spécifique que « je veux devenir journaliste ». Trop souvent on exprime ses désirs en se fixant des intentions d'ordre émotionnel ou qui ont un rapport avec notre bien-être. Celles-ci ne peuvent pas être spécifiques et on ne s'en rend pas toujours compte. Par exemple, « je veux être plus heureuse », « je ne veux plus passer autant de temps au travail »… Ce faisant, on oublie de revenir à soi et à ce que l'on souhaite vraiment. Pour trouver le besoin réel, il suffit de se poser les questions suivantes : « Qu'est-ce que je veux qui me rendrait plus heureuse ? » ; « Qu'est-ce que je ferais si j'avais plus de temps ? » En partant de ce que l'on ne veut plus, on peut mettre en lumière ce que l'on souhaite au fond, mais que l'on peine à formuler.

L'intention doit tenir compte de votre expérience

C'est important pour détecter les obstacles. Changer de job d'accord, mais si l'on n'a aucune expérience dans le nouveau domaine, ce peut être embêtant. Votre première intention sera alors d'obtenir cette compétence pour ensuite vous diriger dans cette voie. Afin d'affiner votre désir et trouver des alternatives, il suffit de vous poser la question suivante : « Pourquoi je veux devenir prof de yoga ? » Si c'est votre souhait alors que vous ne vous y connaissez pas plus que ça en yoga, cela vous permettra de trouver les motivations intimes derrière ce désir, ce que cette réalisation représente vraiment pour vous. Peut-être que c'est le besoin d'une vie plus saine, ou d'un rythme plus calme. Alors, vous pourrez vous demander comment combler ces besoins autrement qu'en devenant prof de yoga. Cela va élargir votre réflexion et vous permettre de voir des options auxquelles vous n'aviez peut-être pas songé et qui tiennent compte de votre expérience cette fois. Du coup, l'intention réelle reste la même, mais la voie pour l'atteindre devient tout à coup plus accessible.

L'intention doit être en phase avec vous

Encore une fois, il convient de se poser les bonnes questions. Pourquoi faites-vous ce souhait ? Pourquoi cette intention est-elle si importante pour vous ? Celle-ci répond-elle à vos besoins ? Ces questions sont destinées à vous assurer que vous le faites réellement pour vous et pas pour plaire, pour des valeurs qui ne sont pas les vôtres ou parce que vous êtes influencée par les tendances… Pourquoi voulez-vous poser ces intentions ? Dans quel but ? Les réponses doivent être en rapport avec votre satisfaction personnelle uniquement.

Le must ? Formulez votre intention au présent !

Quoi de mieux que faire comme si l'intention était déjà réalisée pour qu'elle le devienne ? C'est l'astuce ultime pour que la loi d'attraction fonctionne ! Par exemple : « je lis 4 livres par mois ». Voilà, vous êtes en train de réaliser votre souhait !

Mon rituel pour poser mes intentions

C'est le moment de poser vos intentions ! Faites-le au cours d'un petit rituel. Prévoir un moment spécial et vous mettre en condition donne à ce geste plus de conscience et permet ainsi d'augmenter son efficacité.

La date du rituel est importante !
La bonne période pour poser une intention est les jours de nouvelle lune, car on dit que c'est une lune de commencement. C'est-à-dire le contexte idéal pour lancer des projets et poser des intentions !

Je crée un petit autel

Afin de faire de ce moment un moment particulier, vous pouvez créer un endroit inspirant. Il peut s'agir d'une petite étagère, d'un coin de table basse ou de petit meuble, sur lequel vous pouvez disposer votre vision board mais aussi des objets qui vous inspirent et qui correspondent à votre intention. Ce peut être des objets naturels ou non, des photos, des cristaux… Allumez également une bougie et un peu d'encens si vous le souhaitez. C'est votre espace sacré qui vous mettra en condition pour être concentrée pendant votre rituel d'intention. Vous pourrez répéter vos intentions chaque jour devant lui pour les ancrer. Rien que le voir en passant devant réactivera votre intention dans votre esprit !

Les cristaux pour ancrer les intentions
Pour attirer l'abondance, vous pouvez vous aider de l'aventurine, de la calcite orange, de la cornaline, du lapis-lazuli…

Je me prépare pour le rituel

Allumez la bougie et/ou l'encens (naturels) afin d'ouvrir votre espace et le purifier, et installez-vous confortablement devant votre autel. Fermez les yeux. Prenez quelques grandes respirations puis inspirez sur 4 temps, bloquez sur 4 temps, expirez sur 4 temps et bloquez poumons vides sur 4 temps. Répétez l'opération pendant 2 à 3 minutes. Cette respiration calmante va vous permettre de faire le vide pour vous concentrer sur votre intention. Ouvrez les yeux.

J'écris mes intentions

Avoir des souhaits plein la tête c'est bien, mais ça reste irréel. Pour que ce soit concret, il faut écrire votre intention, ce qui vous obligera à la formuler consciemment et précisément. Prenez une feuille et inscrivez votre intention répondant aux règles ci-dessus. Avant de l'inscrire, imaginez très fort vos émotions quand elle se sera réalisée. Méditez ainsi quelques minutes.

Je clos le rituel

Remerciez-vous pour cette intention et le bien-être qu'elle va apporter dans votre vie puis éteignez la bougie et/ou l'encens.

Step 3 : je cultive mes intentions

Poser votre intention, c'est bien. Mais cela ne sera pas efficace si vous ne les cultivez pas quotidiennement ! Rappelez-vous que la loi d'attraction fonctionne seulement si on y met toute sa foi et toute son attention. Une intention n'est pas un vœu qu'on oublie, c'est quelque chose qui se renouvelle chaque jour et qui se traduit en actes concrets !

J'ancre mes intentions !

Ancrer vos intentions décuple la capacité à les réaliser. C'est une technique de PNL (programmation neuro-linguistique) qui consiste à imprimer dans le cerveau une émotion positive pour pouvoir la retrouver à loisir. Des ancrages, nous en avons de nombreux. Ce sont des stimuli qui déclenchent des émotions. Par exemple, une chanson qui nous rappelle quelqu'un. Une odeur qui fait automatiquement remonter un souvenir… L'émotion ravivée est identique à l'émotion d'origine ! Ces ancrages peuvent être positifs (souvenirs et émotions agréables), ou négatifs (émotions et souvenirs douloureux). Ils sont très puissants pour nous plonger dans un état d'esprit favorable et nous aider à faire disparaître les doutes et tous les obstacles sur le chemin de l'abondance.

Mes émotions source pour l'ancrage

....

....

....

....

....

Trouver l'émotion source

Avant tout, il s'agit d'identifier les émotions que vous ressentirez le jour où vos intentions se seront réalisées : joyeuse ? Plus légère ? Apaisée ? Heureuse ? Reconnaissante ? Satisfaite ? Fière ? Confiante ? Enthousiaste ? Folle de joie ? Gonflée à bloc ? Radieuse ? Pétillante ? Vibrante ? Pleine d'énergie ? Rassurée ? Pleine d'assurance ? Rayonnante ? Faites la liste de ces émotions.

Je crée mon ancrage

Lorsque vous avez trouvé ce que vous allez ressentir, essayez de vous rappeler à quelle occasion vous avez, par le passé, ressenti cette émotion. Si c'est la fierté, qu'est-ce qui vous a déjà rendue fière ? À quelle occasion avez-vous été si fière de vous ? Puis fermez les yeux et faites remonter ce souvenir. Mettez-y le plus de détails possibles, faites comme si c'était vrai. Laissez-vous envahir par l'émotion de fierté, amplifiez-la si vous le pouvez et lorsque vous serez au maximum, associez-y un geste. Celui-ci doit être discret, comme le frottement du pouce contre l'index, la main sur le cœur ou dans les cheveux… Répétez cet exercice plusieurs fois pour ancrer le geste et l'associer à cette émotion de manière durable afin de pouvoir ensuite, dès que vous ferez ce geste, ressentir ce sentiment de fierté sans avoir besoin de le visualiser.

J'active l'ancrage !

Puis, à chaque fois que vous manquerez de motivation, que vos intentions vous paraîtront vagues ou lointaines, que vous ne serez pas contente de leur réalisation et de votre avancée vers elles, faites ce geste pour ressentir ce bien-être et garder le cap.

Je programme mon cerveau avec la visualisation

Notre cerveau ne fait pas la différence entre une expérience réelle ou imaginée. C'est pourquoi, en fermant les yeux et en imaginant que vos intentions se sont déjà réalisées, vous vous sentirez immédiatement mieux… et vous pourrez programmer votre cerveau à vous mener à votre objectif ! En visualisant un résultat et en y mettant ses 5 sens, on envoie un message puissant à son cerveau : atteindre ce but est possible, c'est réel. Ainsi, si vous êtes persuadée de vos intentions, votre cerveau sera ouvert à sa réalisation, et vous activerez du même coup la loi d'attraction. Grâce à ces vibrations positives créées par la visualisation… vous en attirerez inévitablement !

Le secret de la réussite ? Le réalisme !

Bon, il ne suffit pas de fermer les yeux et de se dire que l'on est enfin à la tête d'une start-up pour que ça marche. Il faut visualiser sa vie comme si on la vivait en réalité. Le secret d'une bonne visualisation tient dans le fait de parvenir à mobiliser tous nos sens. Ils doivent tous être activés durant l'exercice. Vous devez pour cela être consciente des odeurs, des sensations (le vent dans vos cheveux, le soleil sur votre peau, la température de la pièce, le frottement des vêtements sur votre corps), des sons autour de vous (les voix, dont la vôtre), des couleurs, des formes, des objets qui vous entourent… Voire du goût si vous devez vous visualiser en train de manger. Plus vos sens seront utilisés et plus ce sera efficace !

Mon exo de visualisation

C'est parti pour vous programmer. Fermez les yeux. D'abord, pensez à votre objectif tel que vous l'avez formulé précédemment. Puis imaginez-vous ayant réussi à l'atteindre. Où vous trouvez-vous ? Chez-vous ? Dehors ? Ailleurs ? Visualisez l'endroit dans tous ses détails, avec ses objets, ses couleurs, ses textures, ses odeurs, ses sons… Puis prenez conscience de ce que vous faites : parlez-vous à quelqu'un ? Faites-vous un geste ? Visualisez ces actions en détail, imaginez toute la conversation précisément. Que pensez-vous ? Que ressentez-vous dans cette visualisation ? Imaginez vos émotions.

Je pense à mes intentions chaque jour

Dans tous les cas, il est indispensable de renouveler vos intentions chaque jour. Faites-en un petit rituel ! Chaque soir, rendez-vous devant votre autel, allumez votre bougie, pratiquez la respiration calmante (p. 26) et faites l'exercice de programmation (p. 28). Au fur et à mesure, cette visualisation deviendra plus fluide et s'ancrera en vous. Vous êtes prête à tout déchirer !

L'huile essentielle magique
Déposez 2 gouttes d'huile essentielle de laurier noble sur vos poignets et respirez-la. Psychostimulante, elle vous redonnera la foi pour manifester la loi d'attraction et réaliser vos intentions !

Step 4 : je progresse vers mes objectifs

Pour cela, rien de plus simple, il suffit juste d'instaurer de nouvelles habitudes, mais pas n'importe lesquelles. Il y a celles qui n'ont aucune valeur ajoutée et celles qui vont vous donner la pêche dès le réveil, vous aider à voir la vie en rose, vous remettre dans l'axe de ce qui compte vraiment pour vous. En installant ces nouvelles attitudes vous irez vous coucher ravie de cette journée durant laquelle vous avez pu vous rapprocher un peu plus de la réalisation de votre intention.

Intentions et objectifs

L'intention est un objectif mais aussi une force de conviction. Puisque vous renouvelez chaque jour votre conviction grâce au rituel d'intention, il est temps de travailler concrètement à la réaliser. Avoir des envies c'est chouette, vouloir les réaliser immédiatement c'est ambitieux, mais est-ce bien réaliste ? Pourquoi ne pas progresser étape par étape ? De la même façon, une fois que vous aurez atteint votre objectif essentiel, vous pourrez vous attaquer à l'intention suivante dans votre liste ! Avancer un pas à la fois vous garantit de garder une motivation au top. Cela vous évitera de vous sentir submergée par l'ampleur de la tâche et de procrastiner parce que cela vous semble trop difficile à atteindre. Le must : vous serez rassurée en voyant que oui, vous êtes capable de réussir, et vous pourrez vous féliciter rapidement de chaque petite étape réussie.

Je commence easy
L'objectif que vous vous êtes fixé p. 21 est très ambitieux en plus d'être essentiel vos yeux ? Super, mais peut-être n'est-ce pas le mieux pour commencer. Choisissez un objectif moins challengeant au début afin d'augmenter facilement vos bonnes ondes d'abondance. Et lorsqu'il sera réalisé, vous pourrez essayer quelque chose de plus grand, gonflée à bloc par la réussite du premier objectif.

Step by step

Le secret, c'est de débuter par un objectif simple, mais sur lequel on sent bien que l'on a quelques résistances. Tous vos rêves sont ambitieux ? Pas de problème ! Il suffit de découper l'objectif principal en méta-objectifs, c'est-à-dire en plusieurs étapes. Au lieu de vous jeter à corps perdu dans la réalisation de toutes les actions, vous pourrez transformer une seule action en un objectif à part entière. Par exemple, si votre rêve est d'être bien dans votre corps en mangeant mieux et en vous mettant au sport, vous pourrez, par exemple, commencer par supprimer les desserts durant 1 mois. Puis, lorsque vous aurez réussi ce challenge, vous pourrez décider d'aller courir tous les dimanches durant 30 minutes pendant 2 mois. Puis de faire 2 séances de musculation 2 soirs par semaine durant 3 mois…

Et moi, quelles sont les étapes pour réaliser mon rêve ?

Mon objectif : ....

Étape 1 : ....

Étape 2 : ....

Étape 3 : ....

Étape 4 : ....

Étape 5 : ....

Avancez sereinement step by step avec ma méthode 2D2P : Discipline, Détermination, Persévérance et Patience.

Comment prévoir toutes les étapes ?
Avec cette méthode simple : à partir de votre rêve, posez-vous la question « Comment ? », et à chaque réponse obtenue, reposez-vous encore cette question jusqu'à ce qu'il n'y ait plus de zone d'ombre. Vous aurez alors soulevé tous les obstacles à surmonter et listé toutes les actions à mettre en place. Il ne restera plus qu'à les organiser et à les planifier.

Je me discipline pour rester concentrée sur la réalisation de mes intentions

Installer de nouvelles habitudes impose de changer les vieilles. Or, ces dernières constituent une routine tellement rodée que l'on est vite emportée par ses automatismes. La discipline, c'est ce qui va vous permettre de toujours être focus sur votre objectif. Pour vous aider à rester disciplinée, rien de tel que de faire un productivity planner (à créer dans votre Bullet Journal, par exemple).

Je crée mon productivity planner

Pour cela, achetez un joli carnet. Vous pourrez décorer la première page en mettant une citation motivante. Par exemple : « de petits pas font de grands changements », ou « chaque jour, je me rapproche de mon rêve », ou, plus concrètement, une citation ou une phrase qui illustre votre objectif : « belle en maillot avant l'été » ou bien « plus de temps, de joie, de plaisirs »... Chaque semaine, vous utiliserez 8 pages.

Page 1 : Tout ce que vous prévoyez de faire cette semaine

N'oubliez pas d'inclure des actions pour votre objectif.

1. Les 5 choses les plus importantes à faire cette semaine.
2. Les 5 choses secondaires à faire cette semaine.
3. 5 choses que vous pourriez faire si vous réalisez tout le reste.

Page 2 : Votre semaine type

En haut de la page, notez la date du jour.

1. L'action la plus importante aujourd'hui ?
2. Les 2 actions importantes de la journée.
3. Les 2 actions secondaires.

Créez un espace de notes pour inscrire vos idées, d'autres actions, des phrases inspirantes...

Les pages 2 à 6 seront identiques, elles représentent votre semaine du lundi au vendredi.

Page 7 : Notes

Un endroit pour écrire tout ce que vous voulez. Plus on écrit et plus on libère son esprit pour laisser place à la créativité. Ne vous privez pas !

Page 8 : Le bilan de la semaine

En haut, indiquez le numéro de la semaine.

Puis vous divisez la page en 4 parties :

- Les victoires de la semaine : toutes les tâches terminées et réussies.
- Les actions à reporter à la semaine suivante. Tout ce que vous n'avez pas eu le temps de faire.
- Ce que vous avez appris cette semaine. Tout, même sur vous-même.
- L'engagement que vous prenez pour la semaine prochaine en une phrase ou deux.

Avec ce carnet, vous serez surprise de voir tout ce que vous faites en une journée. Cela vous permettra d'enfin le valoriser et de vous apercevoir que oui, vous êtes déjà dans l'abondance !

Je reste déterminée

Les obstacles, le manque de motivation, la procrastination... Dur de garder une volonté de fer sur le long terme. Mais comment rester déterminée ? En vous rappelant à quel point c'est important pour vous d'obtenir ce que vous désirez. Pour cela, rien de tel que de se projeter dans la victoire. Allez hop, une petite méditation pour se reconnecter à l'abondance !

Médiation d'abondance

Asseyez-vous sur une chaise, un fauteuil ou en position du lotus sur le sol. Fermez les yeux et portez votre attention sur votre respiration. Inspirez en comptant jusqu'à 4, suspendez votre souffle, puis expirez par la bouche en comptant jusqu'à 8. Faites-le 3 fois. Puis imaginez qu'une petite boule de lumière dorée entre par le sommet de votre tête et éclaire de l'intérieur votre visage, vos cheveux, votre cou... Cette boule descend dans votre corps et, à mesure qu'elle se déplace, tout votre corps se remplit de lumière. Enfin, imaginez une cascade de lumière juste devant vous. Approchez-vous d'elle et mettez-vous juste en dessous. Sentez la lumière qui vous traverse toute entière. Puis vous verrez devant vous un écran, sur lequel vous vous voyez en train de faire, d'avoir ou de réaliser votre rêve. Prenez le temps de ressentir la joie que vous ressentez. Gardez en vous cette image le plus longtemps possible en même temps que l'émotion qui y est associée. Puis, lorsque vous serez prête, vous reviendrez ici et maintenant en douceur. Pour cela, commencez par remuer le bout de vos doigts et de vos pieds. Prenez quelques inspirations et ouvrez les yeux.

Je persévère

Certaines habitudes sont plus longues à installer que d'autres. C'est la raison pour laquelle il faut persévérer même quand les résultats se font attendre. Pour y arriver, il n'y a qu'une seule règle : une seule action chaque jour, même si cela vous semble dérisoire. Plus on avance à petits pas et plus la persévérance est facile à maintenir. Et puis, n'oubliez pas, bientôt vous aurez réussi !

Je reste patiente

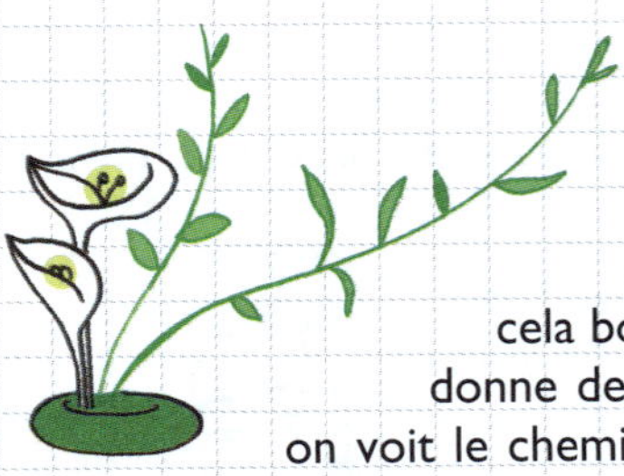

Nous avons l'habitude que tout aille vite. Tout ça ne nous incite pas à cultiver la patience et pourtant, c'est la clef ! Le secret pour y arriver ? Ne pas mettre la barre trop haut. Et c'est là que le Bullet Journal sera très utile. En se fixant chaque jour de petites actions, on avance. C'est motivant, cela booste notre envie de persévérer, dope notre détermination et donne des résultats concrets et mesurables immédiatement. Du coup, on voit le chemin parcouru et ça fait du bien !

Avec ces 4 ressources, on réalise tous ses rêves d'abondance !

Je crée mon plan d'attaque pour réaliser mes intentions !

C'est le moment de poser votre plan d'attaque. Prenez une page de votre Bullet Journal.

- **Votre objectif :** au milieu, écrivez votre objectif principal et entourez-le.
- **Les actions à entreprendre :** puis, sur la partie supérieure droite, écrivez tout ce qu'il faudrait faire pour l'atteindre. Toutes les actions. Par exemple, si vous voulez prendre soin de votre corps en le nourrissant mieux, cela peut être de remplacer les tartines de pâte à tartiner du petit déj par des smoothies ou des jus verts et une poignée d'oléagineux, de composer vos dîners uniquement de légumes…
- **Les moyens :** en haut à gauche, écrivez les moyens financiers, humains, matériels… dont vous avez besoin. Par exemple : faire les courses au marché ou vous abonner à une AMAP, télécharger l'appli Foodvisor…
- **Le temps :** en bas à gauche, décidez de la date de réalisation estimée. Essayez d'être la plus réaliste possible. Par exemple : 6 mois. Pour encore plus de précision, vous pouvez aussi planifier chacune des actions en inscrivant des dates en face de chacune.
- **Les obstacles :** en bas à droite, notez tous les obstacles qui peuvent vous empêcher de réaliser notre objectif. Pour cela, reprenez les actions ci-dessus et demandez-vous pour chacune ce qui pourrait vous empêcher d'y arriver et pourquoi vous n'y êtes pas encore arrivée.

- **Les ressources :** enfin, indiquez en bas, au milieu, juste en dessous de votre objectif, ce qui peut vous aider à y parvenir. C'est là que la vie est magique. En cherchant, vous en trouverez plein. Peut-être pas immédiatement (dans ce cas-là, prenez un bain, un thé, un jus, lisez quelques pages…), vous y reviendrez plus tard, plus inspirée. Reprenez tous les obstacles et posez-vous la question suivante : « Quelles sont les ressources internes ou externes dont je dispose pour contourner ou surmonter cet obstacle ? » Le but est de noter tout ce qui vous passe par la tête. Et si vous manquez toujours d'inspiration, ne forcez pas. Laissez la feuille de côté quelques jours avant d'y revenir.

Les moyens dont j'ai besoin pour ça :

....

....

....

Les actions à entreprendre :

1. .... (date d'échéance ....)

2. .... (date d'échéance ....)

3. .... (date d'échéance ....)

4. .... (date d'échéance ....)

5. .... (date d'échéance ....)

Mon objectif :

....

Date de début :

....

Date de réalisation :

....

Les ressources qui vont m'aider :

....

....

....

Les obstacles qui peuvent me freiner :

....

....

....

Chapitre 3 L'abondance everyday !

La magie est là tout autour de vous et ne demande qu'à être révélée. Pour cela, il faut simplement savoir la reconnaître. Chez vous, pendant vos activités, au bureau, dans votre nutrition… Rien de tel que d'être véritablement consciente de votre quotidien pour s'apercevoir que votre vie est déjà pleine de paillettes !

Je mets des good vibes dans mon home sweet home !

L'abondance est une énergie qui circule !

S'il est bien un endroit dans lequel se reflète votre abondance, c'est dans votre intérieur. En effet, l'abondance est une énergie qui circule. Si votre intérieur n'est pas feng shui, autant dire qu'elle aura du mal à se propager chez vous. Plus concrètement, si vous accumulez des objets qui ne vous servent pas, qui vous gênent, vous agacent, voire vous rappellent de mauvais souvenirs, comment diffuser de bonnes vibrations et attirer l'abondance ? Alors faites de la place ! D'ailleurs, rien de tel pour se sentir mieux que de ranger son intérieur. Immédiatement, on fait de l'ordre aussi dans son esprit.

Je range !

Trop souvent, nos appartements sont pleins. Mais c'est loin d'être la plénitude de l'abondance : c'est plutôt l'encombrement toxique ! Vraiment, toutes ces affaires vous serviront-elles un jour ? Sont-elles vraiment utiles ou ont-elles vraiment une valeur pour vous ? Selon Marie Kondo, la boss japonaise du rangement, on ne devrait garder que ce qui nous procure de la joie. Traduction : que ce qui a de bonnes vibrations ! Totalement en phase avec l'abondance ! Selon elle, ranger, et en particulier jeter, permet de se libérer. Les personnes qui l'ont expérimentée ont parfois totalement changé de vie pour faire ce qui comptait vraiment pour eux et les rendait heureux. Pas mal, non ? Alors, prête à essayer cette méthode magique pour ranger sa maison et sa vie ?

On garde tout ce que l'on aime vraiment et on se sépare du reste. Si cela semble simple sur le papier, le rapport émotionnel que l'on entretient avec les objets peut se révéler plus compliqué que prévu.

Étape 1 : je trie

Marie Kondo ne procède pas par pièce (je range ma chambre, puis la cuisine, etc.), mais par type d'objet. Le principe? Rassembler en un seul endroit tous ses représentants de la maison. Si vous avez des livres dans le salon, mais aussi dans la chambre et le bureau, rassemblez-les tous au centre d'une pièce et commencez le tri. Pour vous faire la main, choisissez une petite catégorie.

Posez tout sur votre lit, puis préparez 4 sacs pour ce que vous gardez ; ce qui est en bon état et que vous voulez donner ; ce qui a de la valeur et que vous préférez vendre ; et enfin, tout ce qui est en mauvais état, élimé, cassé, dépassé et que l'on adore ou pas, mais qu'il faut bien se résigner à jeter.

Les catégories d'objets
Vêtements : tops, bas, vêtements qui se suspendent, chaussettes, sous-vêtements, sacs à main, accessoires, chaussures, vêtements pour les occasions spéciales ;
Livres : romans, pratiques, visuels ;
Objets : CD, DVD, cosmétiques, maquillage, coiffure, électroménager, ustensiles de cuisine…
Papiers : cours, relevés de banque, garanties d'appareils électroménagers, bulletins de salaire, factures…

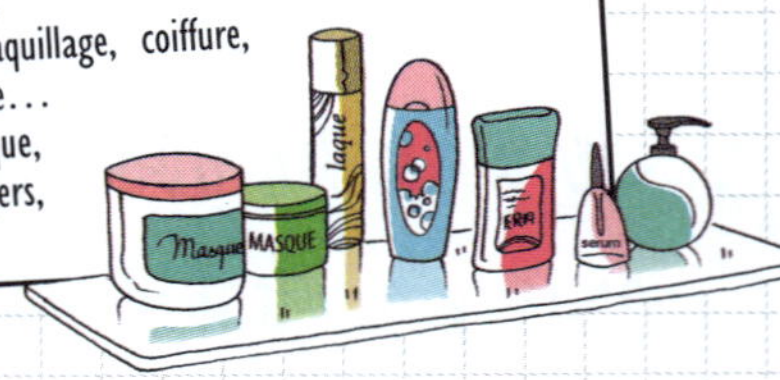

Je me demande ce qui me met en joie… *A.k.a.* ce qui m'apporte de l'abondance!

Commencez par les vêtements ou les objets que vous adorez, ce sera plus facile au début. Un à un, portez-les à votre cœur et sentez la joie qu'ils vous procurent. Lorsque vous êtes certaine de vouloir les conserver, mettez-les dans le sac adéquat. Lorsque le vêtement ou l'objet ne vous apporte pas de joie ou si vous avez un doute, remettez le test à plus tard et passez à autre chose. Au fur et à mesure, vous serez capable de ressentir précisément ce qui vous rend joyeuse. Vous serez consciente de ces good vibes que vous procurent cette veste ou ce sweat. Plus vous éprouvez cette méthode et plus cela devient évident. À l'inverse, lorsque vous ne ressentez rien, voire parfois de l'inconfort (un vêtement ou un objet peuvent être liés à un mauvais souvenir), il sera facile de prendre la seule décision juste : s'en débarrasser pour faire de la place à la joie. Parce que oui, voilà le but de ce rangement : faire de la place à l'abondance et au bien-être!

Étape 2 : je range

La seconde étape pour vous sentir instantanément mieux va être de ranger tout ce que vous gardez. Ranger oui, mais pas n'importe comment : en pliant vos vêtements avec amour et

en les disposant soigneusement à la verticale pour y voir clair en un instant. Selon Marie Kondo, nous devrions traiter nos vêtements, nos objets et même nos papiers avec amour. Et si c'est un peu bizarre au début, en se prêtant à l'expérience, on en retire un bien-être fantastique. Cela contribue à l'ouverture du cœur et donne un véritable sentiment d'abondance. Cela rend toutes nos possessions spéciales et nous donne la sensation d'être la personne la plus chanceuse du monde. Magique !

Ranger à la verticale, comment faire ?
Selon Marie Kondo, la façon optimale de ranger un vêtement est de le placer à la verticale dans un tiroir. Pour cela, il faut le plier d'une façon précise : il faut d'abord rabattre chaque manche vers le milieu, puis plier le vêtement en deux dans le sens de la hauteur, et enfin en trois dans le sens de la largeur ou le rouler en petits boudins serrés. Cela évite les plis et lui donne une tenue qui permet de le ranger verticalement. Vous pourrez ainsi voir tous vos vêtements en un clin d'œil et les saisir sans bouleverser toute une pile.

Étape 3 : je donne

Qu'y a-t-il de plus cool que de rendre quelqu'un joyeux ? La circulation de l'énergie, c'est aussi ça l'abondance ! Ne donnez pas pour vous débarrasser de tous ces sacs qui envahissent votre logement, ce serait anti-abondance. Le carton de ce que vous jetez est là pour ça ! Non, ce que vous donnez doit avoir de la valeur et doit pouvoir contribuer au mieux-être de quelqu'un d'autre. Donnez dans le but de faire plaisir ! Et cela doit vous faire plaisir de donner, à vous aussi. Donnez en conscience.

Mon rituel d'au revoir avant de donner

Avant de donner vos objets ou vêtements, si vous les remerciez pour ce qu'ils vous ont apporté ? Réunissez-les, puis prenez-les un à un et formulez mentalement pour chacun « Merci pour tout ce que tu m'as apporté, merci de m'avoir rendue jolie. Maintenant j'ai changé et tu peux continuer ton chemin. Je te remets entre les mains d'une autre personne qui saura t'apprécier. » Plus votre rapport affectif avec l'objet est fort, plus longtemps vous pouvez vous recueillir et personnaliser votre au revoir. Cela concerne en particulier les objets qui portent en eux un souvenir fort.

À qui donner ?
Vous pouvez donner à des associations dont les causes et la philosophie vous touchent, sur des sites et groupes Facebook de don d'objets dans une perspective zéro déchet, à votre sœur encore étudiante, à une amie qui adore vos goûts et sera ravie de compléter sa garde-robe... Ce n'est pas parce que cela ne vous plaît plus ou que vous vous en êtes lassée que ça ne peut pas faire le bonheur de quelqu'un d'autre. Pour joindre l'utile à l'agréable, organisez un vide-dressing entre copines !

Étape 4 : je vends

On peut décider de tout donner et d'être contributive à fond. Mais on peut aussi, et c'est bien légitime, vouloir en dégager un bénéfice, surtout si l'on a des pièces de vêtements so cute de créateurs ou des vêtements jamais portés. Why not ! Vendez en dépôt-vente ou sur les applis comme Vinted.

Étape 5 : je recycle

Vivre l'abondance, c'est être conscient qu'un déchet est une ressource. Ce serait dommage de ne pas faire recycler vos vêtements. Il existe des dizaines d'associations ainsi que des milliers de containers de collecte partout en France. Les associations réparent et donnent aux nécessiteux en France ou dans des pays en voie de développement. Elles créent des emplois, aident à la fabrication de nouveaux vêtements ou de chiffons pour l'industrie.

Vive la liberté !

Le premier bénéfice du rangement, c'est l'espace libéré. Plus d'espace, plus d'air, plus de respiration, de clarté… Lorsque les placards sont bondés, on ne respire plus. En épurant son intérieur, on récolte une abondance de bienfaits immédiats et une satisfaction quasi instantanée. Du pur plaisir ! Ne vous cantonnez pas aux vêtements et rangez toute votre maison !

Ma visualisation « rangement-détox »

Fermez les yeux et projetez-vous dans un mois, quand vous aurez enfin terminé le tri de tous les recoins de votre chez-vous. Qu'allez-vous ressentir ? Laissez venir les émotions de bien-être. Imaginez votre armoire désencombrée et rangée. Vos tiroirs aérés, vos placards épurés… Et ressentez comme un souffle frais qui pénètre partout et vivifie l'atmosphère.

J'applique le feng shui pour solliciter l'abondance !

S'il y a justement un art de l'abondance dans la maison, c'est bien le feng shui. Cette philosophie taoïste vise à fluidifier la circulation de l'énergie, le *qi*, afin de vous apporter plus de bien-être et d'abondance. Il se base sur l'idée que l'énergie est intrinsèque aux choses, et qu'on peut l'équilibrer et la dynamiser grâce à l'influence énergétique des choses. Pour

> Les formes, les textures et les éléments doux et ronds comme le bois et l'eau (yin) apaisent, tandis que les formes pointues, géométriques, aux angles saillants, les couleurs vives et les matériaux durs comme le métal ou le verre (yang) boostent.

cela, il s'agit d'utiliser les 5 éléments (eau, feu, terre, métal, bois), mais aussi le yin (polarité féminine, de douceur et de stabilité) et le yang (polarité masculine, d'action et d'agressivité). En jouant sur l'opposition de ces éléments et de ces polarités, on peut influencer l'énergie et favoriser certains domaines de sa vie.

Comment le feng shui peut-il booster l'abondance chez moi ?

Grâce à un super outil : le *bagua*, une carte des secteurs de vie. Votre maison et votre vie sont le reflet l'une de l'autre. Ainsi, influencer l'une peut avoir un effet sur l'autre. En pratique, placez la carte ci-dessous sur le plan de votre chez-vous pour voir quelle pièce correspond à chacun de vos 8 domaines de vie. Ensuite, en utilisant les éléments, vous pouvez tenter d'apporter plus d'abondance dans ces domaines !

SUD

Abondance, richesse et prospérité (bois)	Réussite et confiance en soi (feu)	Amour et estime de soi (terre)
Projets et famille (bois)	Santé et équilibre (terre)	Créativité et évolution (métal)
Connaissances et développement personnel (terre)	Carrière et chemin de vie (eau)	Amitié, aide, chance (métal)

NORD

Pour influencer les énergies, ajoutez l'un des 5 éléments dans vos pièces. Les éléments se produisent ou se détruisent entre eux, si bien qu'on peut les booster ou les affaiblir avec d'autres éléments.
Les éléments qui se renforcent les uns les autres : Feu → Terre → Métal → Eau → Bois
Les éléments qui s'affaiblissent les uns les autres : Feu → Bois → Eau → Métal → Terre
Les éléments qui s'équilibrent les uns les autres : Feu → Métal → Bois → Terre → Eau
Ainsi, utilisez des éléments feu pour booster votre estime de vous : la terre !

Les éléments feu : bougies, couleur rouge, formes pointues…
Les éléments terre : poteries, brique, matières naturelles, couleur ocre, formes trapues, horizontales, basses, carrées…
Les éléments métal : fer, cuivre, bronze, laiton, couleur blanc ou gris, formes rondes et ovales, matières solides…
Les éléments eau : verre, couleur noire, formes ondulées et irrégulières…
Les éléments bois : matières bois, couleur verte, formes fines et verticales, rectangulaires…

En mode less is more

Vivre dans l'abondance, ce n'est pas accumuler. C'est au contraire savourer ce que l'on a et faire des achats et des choix conscients. Les addicts au shopping le savent : acheter répond souvent à un besoin émotionnel, mais ce dernier n'est pas comblé. Le plus gros challenge après le rangement et au quotidien est donc de rester en mode minimaliste !

Comment éviter d'accumuler à nouveau ?

La nature a horreur du vide et nous aussi. D'ailleurs, avez-vous déjà constaté qu'à peine un tri effectué le bazar est de retour ? Pourquoi ? Parce que vous avez juste fait de la place, pas un vrai travail de conscience. Comment ne plus céder à la tentation du shopping dès que vous passez devant la vitrine d'un magasin de vêtements, de déco ou même de gâteaux (oui, ça marche aussi pour ce qui s'entasse dans notre estomac !) ?

Le top des stratégies anti-shopping

1. Asseyez-vous et attendez que ça passe. Mais oui, si vous n'entrez pas dans la boutique tout de suite, il y a peu de chance pour que vous y retourniez, surtout si elle n'est pas sur votre route. Et lorsque vous vous serez posée à la terrasse d'un café devant votre virgin mojito, rappelez-vous tous ces vêtements, chaussures, sacs presque neufs dont vous n'avez eu aucun mal à vous défaire et de tous ceux qui siègent dans votre armoire. Toujours envie de céder ?

Mantra

Let magic happen in your life !

Gratitude

Chaque soir,
listez vos 3 gratitudes
du jour pour déceler
la magie
dans votre vie !

Top des attitudes magiques

- Être réceptive et généreuse
- Arrêter d'accumuler et faire circuler l'énergie
- Optimiser son temps
- Saisir les petits bonheurs, les belles émotions, les rencontres magiques
- Poursuivre ses rêves

Mandala mood

notes

LA LISTE de ma magie

Faites la liste de toutes les richesses que vous possédez déjà en vous !

1. ____________________
2. ____________________
3. ____________________
4. ____________________
5. ____________________

Manifestez VOTRE abondance !

NOTES

MANTRA

Crois en tes rêves !

RITUEL D'INTENTION

À la nouvelle lune, allumez une bougie et formulez votre intention (au présent, avec une tournure positive, sans vous restreindre et en y mettant toutes vos émotions).
Écrivez-la sur une feuille.
Relisez-la chaque jour !

La légende

Au recto, coloriez la case du jour selon la légende ci-dessous. Vous faites ainsi le suivi de vos humeurs, pour essayer de toujours rester positive !

- Joyeuse
- Fatiguée
- Rêveuse
- Stressée

enjoy !

Mantra

Bright,
brilliant,
beautiful

#Abondance

notes

Règles
de la loi d'attraction

Si la loi d'attraction
était une équation,
ce serait :

Posez vos intentions
+
Fixez-vous un objectif
+
Croyez-y à fond
=
Réalisez vos rêves !

Tracker good vibes

▶ Semaine 1

▶ Semaine 2

▶ Semaine 3

▶ Semaine 4

LA LISTE
DE MES SOUHAITS

Écrivez vos rêves,
ce qui est le plus
important pour vous :

1. ____________________
2. ____________________
3. ____________________
4. ____________________
5. ____________________

Posez des intentions
pour les réaliser !

NOTES

PENSÉE POSITIVE

FACE AU MIROIR, LES YEUX DANS LES YEUX AVEC VOUS-MÊME, RÉPÉTEZ CHAQUE JOUR VOS AFFIRMATIONS POSITIVES, PAR EXEMPLE « JE SUIS CAPABLE DE TOUT RÉUSSIR ». CRÉEZ VOTRE LISTE D'AFFIRMATIONS !

MY LIFE IS BEAUTIFUL

MON CAHIER

5 règles d'un bon objectif

1. Qu'il soit spécifique
2. Qu'il soit mesurable
3. Qu'il soit ambitieux
4. Qu'il soit réaliste
5. Qu'il soit inscrit dans le temps

La légende

Au recto, coloriez le baromètre du jour selon votre niveau d'abondance !

2. Demandez-vous avant chaque achat : « Ai-je vraiment besoin de cet objet, vêtement, chaussures ? Cela va-t-il me créer du bonheur dans un mois ? Est-ce que je ressens de la joie à l'idée de le posséder ? » Si vous avez le moindre doute, n'achetez pas.
3. Et même si vous avez le sentiment que c'est la chose dont vous ne pouvez pas vous passer, l'idéal est de vous laisser le temps. Si dans 7 jours vous y pensez encore, alors c'est peut-être qu'il faut l'acheter.

Cesser de gaspiller

Rassurez-vous, il n'est pas question de se priver, bien au contraire. Le but est de se faire plaisir, vraiment plaisir, et pas juste se réconforter tant bien que mal après une mauvaise journée… Gaspiller votre argent dans des choses inutiles ou qui ne sont pas bonnes pour vous (trop d'alcool, de sucres, de sorties…) et que vous aurez oubliées dans une semaine ne vous donnera pas le sentiment de vivre dans l'abondance, mais dans l'addiction.

La règle du 80-20

Saviez-vous que nous n'utilisons que 20 % de ce que l'on possède ? Cela fait quand même 80 % de choses en trop. C'est dingue ! Cela signifie que 80 % ne contribuent pas à votre sensation d'abondance, voire la freinent.

Ma garde-robe capsule

Pour avoir une sensation d'abondance sans gaspiller, créez votre garde-robe capsule ! Sur le principe des capsules dans la mode, l'idée est de composer une garde-robe réduite, mais avec de très jolies pièces, toutes assorties, et que vous pourrez varier au cours de l'année. Avec son Projet 333, Courtney Carver propose de composer une garde-robe de seulement 33 pièces tout inclus (vêtements, accessoires, bijoux et chaussures, mais pas les sous-vêtements), soit 3 pièces par type de vêtement (3 pantalons, 3 jupes, 3 pulls, etc.). L'important est qu'ils aient une cohérence et puissent se mixer à l'infini. C'est ce qui vous permettra d'avoir un look différent avec aussi peu de vêtements ! Vous pouvez choisir pour ces 3 pièces 1 pièce classique, 1 pièce originale et 1 pièce sympa, et seulement des vêtements qui vous rendent joyeuse, fière, belle et qui sont confortables. À la prochaine saison, vous pourrez switcher complètement votre collection (tant que vous respectez le principe des 33 pièces) !

Plaisir immédiat et joie durable

Que préférez-vous ? Un plaisir immédiat qui prendra fin dans quelques minutes ou une joie durable ? À cette question, tout le monde choisit la seconde option. Pourtant, ce n'est pas ce que nous faisons de façon générale. Lorsqu'on a 3 kilos à perdre et que l'on ne résiste pas à l'éclair au chocolat dans la vitrine du pâtissier, on oublie que perdre ces 3 kilos nous procurera une joie plus grande et durable. C'est pourquoi, en résistant à la tentation de s'offrir une chose sous l'effet d'une envie soudaine, on peut réserver cette somme d'argent à un projet qui nous tient davantage à cœur et qui, lui, sera durablement payant. Le problème, c'est qu'il est dur de se motiver pour un objectif à long terme alors que le circuit de la récompense dans notre cerveau s'active ici et maintenant. Pour cela, il est important d'en revenir aux méta-objectifs, qui vous donnent la sensation d'une réussite à court terme, concrète, et qui vous donnent de petites récompenses !

Ma boîte d'abondance

Rien de tel que des rituels pour remplacer ses mauvaises habitudes par des bonnes. Que diriez-vous d'avoir une boîte à bonheur ? Pour cela, achetez (sauf si vous avez déjà cet objet) une très jolie boîte ou un joli bocal en verre, que vous laisserez en évidence dans votre maison, là où elle sera mise en valeur. Vous pouvez la décorer avec du washi tape, écrire « Boîte à bonheur » sur une belle étiquette et la coller… Si c'est un bocal, vous pouvez aussi mettre une guirlande lumineuse à pile à l'intérieur. À chaque fois que cela se présentera, déposez-y un papier sur lequel vous aurez écrit le nom de ce que vous vouliez acheter, mais que vous n'avez pas acquis, et son prix. Puis, tous les mois, après un bain, devant un smoothie ou un bon chaï latte, ouvrez cette boîte et faites les comptes ! Vous serez surprise de constater tout l'argent que vous pouvez maintenant utiliser pour quelque chose qui vous tient vraiment à cœur, ou bien ne le dépensez pas et vous serez simplement fière d'avoir résisté. C'est aussi cela l'abondance, s'enrichir intérieurement et financièrement en dépensant intelligemment !

Je diffuse des good vibes au quotidien

On attire à nous ce qui nous fait vibrer. Si l'on est de nature positive, on attire des expériences et des gens positifs. Si l'on est joyeux, tout devient fun, et les gens que l'on rencontre nous renvoient des vibrations positives. Alors, au quotidien, soyez généreuse en bonnes vibrations pour attirer l'abondance. Le but : se faire plaisir en faisant plaisir à quelqu'un d'autre !

Les gens vibrent !

Vous avez sans doute dans vos connaissances une personne très stressée ou qui se plaint tout le temps et que vous fuyez à la moindre occasion. Cette personne n'a pas besoin de parler pour que vous sachiez qu'elle va mal. Pareil pour les vibrations agréables. Il y a autour de vous des gens très positifs, qui respirent la joie de vivre. On dit d'elles qu'elles sont solaires. Vous le ressentez ? Ce que vous ressentez, c'est leur vibration ! On vibre tous et cela fluctue en fonction de ce que nous vivons. Certaines d'entre elles sont plus perceptibles que d'autres et certaines personnes sont plus perméables aux ambiances que d'autres, mais nous avons tous cette capacité à ressentir notre environnement. L'objectif pour vous ? Diffuser de bonnes vibrations pour les autres, afin de faire naître les mêmes en eux et booster votre abondance au quotidien et dans vos relations !

Je teste ma réceptivité

Dans les jours qui viennent, exercez-vous à ressentir les ambiances dans les lieux publics : métro, poste, supermarché, restaurant, café… Plus vous le ferez et plus vous développerez vos capacités extra-sensorielles. Quand vous vous asseyez à côté ou en face d'un inconnu dans le bus ou le métro, tentez de deviner sa vibration.

Le top des petites actions good vibes aux grands résultats

En vibrant de bienveillance, de générosité, d'altruisme et d'amour vous en récolterez vous aussi. Vous verrez : plus l'on donne et plus l'on reçoit en abondance. C'est magique ! Voici le top des attitudes à avoir au quotidien pour diffuser vos good vibes.

Envoyer de l'amour

Vous l'avez compris maintenant, la loi d'attraction peut se résumer à : je récolte ce que je sème. Envoyer des vibes d'amour attirera de l'amour dans votre vie. Parce que ce sont les petites actions quotidiennes qui donnent les meilleurs résultats, plus vous augmentez vos vibrations positives, et plus vite l'abondance entrera dans votre vie.

Ma visualisation love vibes

Dans le bus ou le métro, envoyez de l'amour à chaque personne que vous croiserez. Sans rien faire d'autre que d'en avoir l'intention. Je sais, c'est un peu bizarre, mais ça marche. Il suffit de se concentrer sur son cœur, de poser cette intention et d'ouvrir grand ses chakras. Pour cela, imaginez une lumière verte pailletée, brillante et douce qui part de votre cœur et qui inonde le sol tout entier, puis qui remonte doucement le long des pieds de tous les gens que vous regardez jusqu'à ce que l'habitacle soit entièrement coloré. Et si vous avez envie de poursuivre l'expérience, vous pouvez même imaginer qu'elle se diffuse ensuite dans tout le quartier, la ville, le pays, le continent, le monde, l'univers. En devenant vous-même une source d'amour pour les autres, vous l'attirerez à coup sûr dans votre propre vie.

Offrir de petites marques d'attention

Nous avons tous besoin de reconnaissance. Offrez-en aux autres ! Intéressez-vous à leur vie. Pour cela, pas besoin d'en faire des tonnes. Un mot gentil, un sourire, un compliment… Ils doivent être gratuits, mais pas forcés non plus. Il faut rester sincère et le faire uniquement dans un seul et unique but : le plaisir de donner. Prenez ce temps et vous serez récompensée de cette sollicitude et de votre bienveillance.

Écrire des petits mots

Il n'y a rien de mieux pour faire plaisir que d'écrire des petits mots à vos proches. Votre amoureux, votre famille, vos amis ou simplement les personnes que vous côtoyez souvent et que vous appréciez… Pas besoin d'écrire une lettre, pas besoin non plus de parler de grands sentiments. Juste leur dire ce que vous aimez en eux ou les remercier pour ce qu'ils sont et ce qu'ils font. Écrivez :

« Tu es tellement………………………………………… Merci d'être toi, tu es parfait(e). » Ça lui fera plaisir et à vous aussi !

Les 7 attitudes anti-good vibes

Certaines de nos attitudes ou de nos comportements montrent à quel point nous ne sommes plus du tout dans le flux de l'abondance. Nous ne nous en rendons pas compte, car ce n'est pas conscient du tout.

1. Quand je me prive

Lorsque vous sortez, comment vous comportez-vous ? Prenez-vous le plat qui vous fait vraiment envie ou celui qui est au prix que vous êtes prête à dépenser ? Faites-vous la même chose si vous êtes invitée ou bien l'inverse ? Cela en dit long sur votre rapport à l'abondance. Dans un monde d'abondance, on se fait plaisir. Nous l'avons vu, on ne cède pas aux impulsions, mais pourquoi prendre les spaghettis bolognaise quand on meurt d'envie pour le Carpaccio de légumes aux épices !

La solution : choisissez soigneusement les expériences que vous souhaitez vous offrir plutôt que d'accepter toutes les sorties sans sélection. Priorisez : mieux vaut peu et bien que le contraire. C'est ainsi que vous aurez la sensation d'être satisfaite et de manifester l'abondance.

2. Quand je sacrifie mon temps et mon bien-être

Faites-vous vos courses en cherchant à débusquer les bonnes affaires, recherchez-vous les billets les moins chers, les hôtels discount ? Bien entendu, il n'y a rien de mal à faire des économies. Mais quand c'est au détriment de votre bien-être, quand cela a un impact négatif sur votre corps, votre humeur, non ! Cela mérite-t-il de perdre un temps précieux que vous pourriez passer à vous faire plaisir ? Si cette démarche semble immobiliser votre temps et vous créer un manque, alors c'est qu'elle ne s'inscrit pas dans une démarche d'abondance.

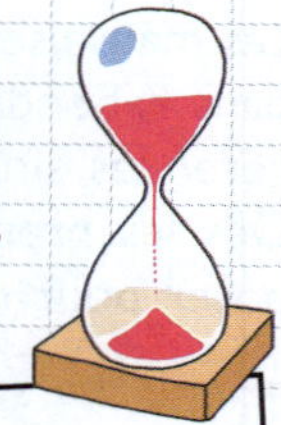

Mes critères de choix
Et si l'on faisait un état des lieux de vos habitudes en termes de dépenses ? Comment choisissez-vous votre coiffeur, un restaurant, un spa, les boutiques que vous fréquentez ? Établissez une liste de critères importants pour vous, puis classez-les par ordre. Passez alors chacun de vos choix par cette grille. Plus votre choix remplit de critères selon la priorité, plus il est acceptable. S'il ne passe pas le premier critère, c'est out direct !

La solution : ne vaut-il pas mieux patienter pour vous offrir ce qui vous laissera de jolis souvenirs et vous procurera plus de satisfaction ?

3. Quand je passe moins de temps avec ceux qui comptent le plus

Des super potes, on en a peu, même quand on est au top de l'abondance. Pourquoi ? Parce qu'il est impossible d'entretenir une relation profonde avec tout le monde ! En couple comme en amitié, il est important de chouchouter son chéri, ses amis et de leur accorder du temps, de l'écoute, de la complicité… L'abondance en amitié, c'est sentir que nos amis nous aiment et qu'ils nous soutiendront quoi qu'il arrive. Ce sont ceux que vous pouvez appeler à n'importe quelle heure du jour ou de la nuit. Mais les autres amitiés alors ? Il ne s'agit pas de couper les ponts avec tout le monde, mais de vous poser les bonnes questions : avez-vous vraiment envie de consacrer autant de temps à ces amitiés plutôt qu'à celles qui vous rendent vraiment heureuse ?

La solution : donnez la priorité à vos amitiés profondes. Mais les autres relations peuvent combler d'autres besoins.

4. Quand je stresse…

Lorsqu'on laisse le stress nous envahir, on se déconnecte de l'instant présent. On ne fait que créer des pensées d'angoisse et l'on commence à diffuser des bad vibes. Plus on laisse le stress nous dominer, et plus on se fait des films catastrophe sur l'avenir. De quoi attirer ces mauvaises choses, attention à la loi d'attraction ! Vivre dans l'abondance, c'est aussi être sereine et apprendre à gérer les situations qui vous coupent de votre bien-être. Dès les premiers signes, il faut prendre le temps de vous poser pour mettre de la distance entre le stress et vous.

→ **La solution :** Respirer. Isolez-vous et faites quelques respirations abdominales amples et profondes. Posez les mains sur votre ventre et gonflez-le à l'inspiration (votre main doit se soulever) et rentrez-le à l'expiration. Ou encore, faites une pause en allant faire un tour, boire un thé… Puis, avant de reprendre ce que vous faisiez, pensez à identifier ce qui a généré ce stress : si c'est une situation que vous ne maîtrisez pas, écrivez-la noir sur blanc et créez un plan step by step pour la gérer. Retour à un point de vue objectif, et le stress est parti !

5. Quand je contiens mes émotions

Les émotions sont des réactions vives qui nous prennent toute entière, c'est pourquoi il est difficile de les gérer, surtout en société ! Le souci, c'est que lorsqu'on les réprime, elles restent à l'intérieur. Et, même si on n'en a plus conscience, elles s'inscrivent dans le subconscient et peuvent diriger vos réactions futures et les vibrations de vos pensées.

→ **La solution :** une émotion en tant que telle est une réaction physique très éphémère, elle ne dure que quelques secondes. Alors si vous la laissez vous traverser (c'est-à-dire si vous l'écoutez et si vous cherchez à l'analyser et à la comprendre), elle passera toute seule. L'astuce ? Écoutez ses manifestations dans votre corps aussi, en cherchant une zone crispée et en la relaxant par exemple.

6. Quand je refuse de lâcher prise

Avez-vous remarqué combien on s'accroche parfois à une difficulté, un obstacle ou un problème ? L'une des championnes des bad vibes est la situation où vous refusez de lâcher prise. Vous êtes en colère ou frustrée par une situation ou une personne, ça vous énerve et vous prend la tête alors que vous ne pouvez rien pour changer les choses. Mais rien à faire, vous restez bloquée dessus, à la ressasser. Bonjour les ondes négatives ! Lorsque l'on refuse de lâcher prise, cela signifie que l'on est dans le contrôle et qu'on ne fait pas confiance à la vie (puisqu'on a besoin de gérer à sa place). Or, comment être dans l'abondance si l'on refuse de s'en remettre à la vie ? On pourrait dessiner des petits éclairs au-dessus de votre tête ! Comment pensez-vous attirer de bonnes choses en ayant l'air aussi féroce ?

La solution : là encore, respirez ! Et si ça ne suffit pas, passez-vous les nerfs : placez-vous devant un lit. Fermez les yeux et visualisez tout ce qui vous énerve dans un gros sac, posé devant vous, sur le lit. Puis, à l'aide d'une règle épaisse, frappez réellement le lit. Défoulez-vous ! Et puis, acceptez que les choses se déroulent d'une façon différente sans craindre ni douter.

7. Quand je suis trop dure avec moi-même

Quand on est perfectionniste, on est dure avec soi et on se fait des reproches continus, on se dévalorise… Tout est perfectible ! Ne cherchez pas à être parfaite, mais plutôt à vous améliorer. Traitez-vous plutôt avec bienveillance sans vous juger. Cela permet de développer notre compassion, notre empathie et notre amour pour soi et pour les autres, car on ne donne jamais que ce que l'on est en mesure de se donner à soi.

La solution : créez une love box, une liste de ce que vous aimez chez vous. Au début, vous devrez peut-être chercher, mais vous trouverez, et ça fait du bien ! Une autre idée : pardonnez-vous. À chaque pensée dure envers vous, écrivez-vous un petit mot pour vous pardonner.

Saviez-vous que tout ce que vous admirez chez les autres, vous le portez en vous ? Lorsque l'on admire la douceur de telle fille, son aisance, son assurance, cela signale un potentiel que nous n'avons pas encore exploité. Tout à coup on voit les choses différemment, non ? En dressant la liste de tout ce que vous aimez chez les autres, vous aurez de quoi devenir la meilleure version de vous-même !

J'ai enfin du temps !

C'est toujours la course ! Entre le bureau, les courses, les activités, les sorties… Vous n'en avez jamais assez, vous enchaînez sans pouvoir vous poser et vous aimeriez bien pouvoir rallonger vos journées. Faire en 2 heures ce qui en nécessite 5, c'est possible, mais ce n'est jamais très agréable, on bâcle et ça conduit forcément à l'épuisement à terme. S'il y a une chose dont tout le monde rêve, c'est l'abondance dans le temps. En effet, le temps est le seul luxe qui existe ! Le temps est comme tout le reste : une perception. Et la bonne nouvelle c'est qu'une perception peut se changer. Si on est frustrée en permanence de manquer de temps, c'est simplement parce que l'on est dans une illusion : celle du temps qui passe.

Ce qu'en dit la science

Scientifiquement, l'écoulement du temps, ça n'existe pas. D'ailleurs, il n'a pas toujours été découpé de cette façon, ce n'est que depuis la découverte de la loi fondamentale de la gravitation que Newton a décidé que le temps passerait de façon constante et linéaire. C'est tout ! Plus tard, Albert Einstein dira que le temps est relatif et que cela dépend en grande partie de notre perception. On y vient ! Ce qui veut dire en clair que c'est émotionnel et que, donc, nous ressentons le temps en fonction de ce que nous vivons. C'est très perceptible : une heure sur un transat à buller au soleil passe moins vite qu'une heure à travailler sur un dossier. Une heure en amoureux passe plus vite qu'une heure à attendre un rendez-vous.

Comment avoir plus de temps alors ?

Le problème c'est que, même quand on sait cela, la journée conserve néanmoins ses 24 heures. Mais votre sentiment de satisfaction et d'abondance peut changer. En fait, il faut oublier la montre et revenir à sa perception. Ce qui nous donne le sentiment de manquer de temps ou de ne pas en avoir suffisamment vient du fait que l'on ne vit pas l'instant présent. En vivant le présent en pleine conscience, nous avons la sensation que le temps passe moins vite. En se détachant de sa perception, il se produit un phénomène magique ! On a vraiment le sentiment que l'on a plus de temps. On se sent apaisée et, de fait, comme nous ne sommes plus gagnées par le stress, notre efficacité croît, les idées pour gagner du temps fusent et notre production augmente.

Comment faire en pratique ?

La façon la plus simple de modifier cette perception est de se répéter, dès que l'on sent que l'on bascule dans un stress ou dans l'angoisse : « tout va bien, j'ai tout le temps qu'il me faut ». Il existe de nombreux exercices de pleine conscience, mais le plus simple et le plus efficace consiste simplement à observer. C'est être totalement consciente de tout ce qui se passe en nous et autour de nous sans porter de jugement.

Let's go !

Prenez une profonde inspiration en concentrant votre attention sur l'air qui entre dans vos narines, qui gonfle vos poumons puis votre abdomen. Suivez le trajet de l'air qui sort, de votre ventre qui se dégonfle, de vos poumons qui se vident… Ce qui va être compliqué, c'est de maintenir votre attention alors que de nombreuses pensées vont tenter de parasiter votre effort. Si c'est le cas, ne vous inquiétez surtout pas, la méditation n'est pas une performance. Revenez à votre respiration et poursuivez l'exercice.

Et si vous le désirez, au lieu de suivre le flux et le reflux de votre respiration, vous pouvez à la place observer vos pensées. Sans les suivre, sans les juger et en les regardant comme des nuages qui se déplacent dans le ciel.

J'optimise mon temps

Du temps, nous en avons beaucoup, mais soit nous le gaspillons, soit nous ne l'optimisons pas !

Je combine les activités

Joignez l'utile à l'agréable en combinant 2 activités ! Par exemple, cuisiner et écouter un podcast. Faites un run tout en écoutant un livre audio avec des écouteurs. Dans les transports, au lieu de passer 30 minutes sur Facebook et Instagram à regarder ce que font les autres, triez vos mails, postez sur vos propres réseaux, préparez votre journée (plus on sait ce que l'on va faire et plus on est efficace) et mettez à jour votre Bullet Jounal !

Je supprime les mangeurs de temps

Les réseaux et les séries sont un problème quand vous ne faites que scroller ou binge-watcher. Est-ce un plaisir ? Est-ce que ça vous donne un sentiment d'abondance ? Non. Cela ne fait que gaspiller votre temps. Si au lieu de passer 2 heures sur les réseaux, vous mettiez un minuteur pour limiter votre consommation ? Par exemple 30 minutes tous les matins en sirotant votre café ?

Je m'organise

Si au lieu d'aller faire les courses en achetant tout et rien, vous faisiez une liste de courses pour ne pas perdre votre temps à vous demander quoi acheter ? Gagner du temps est une question d'organisation.

Je compose mes menus

À l'origine d'une bonne liste de courses, il y a les menus de la semaine ! Le dimanche, imaginez tous les repas de la semaine. Cela évite de vous poser la question chaque jour de ce que vous allez cuisiner. L'idée qui change tout : prévoyez des repas bons mais simples qui ne vous demanderont pas des heures de préparation et de cuisine. Les épices, les graines transforment un plat basique en un super plat, et ça ne prend que quelques secondes de les ajouter sur une assiette !

Je teste le batch cooking

C'est le must de l'organisation ! Il s'agit de réaliser en amont les préparations de cuisine. Le samedi ou le dimanche par exemple, au retour de vos courses, épluchez vos légumes, découpez-les, cuisez vos céréales et légumineuses. Prévoyez de grosses quantités pour servir

de bases à plusieurs plats. Vous n'aurez plus ensuite qu'à réchauffer et combiner. Ainsi vous pourrez :

- Préparer vos plats à l'avance et les mettre dans des Tupperware ;
- Préparer vos bases (riz, quinoa, boulgour, pâtes) et vos aliments (légumes) à combiner pour créer plusieurs plats différents et à agrémenter d'épices différentes et de graines ;
- Préparer 5 plats en grosse quantité qui constitueront chacun 2 repas…

Je booste mon efficacité

Gagner du temps, c'est prendre moins de temps pour une tâche, donc être plus productive. Si, au lieu de traiter vos e-mails dès qu'ils arrivent, vous le faisiez chaque jour de 14 h à 15 h 30 et qu'ensuite vous fermiez votre messagerie pour travailler sans interruption ? Lorsque l'on est focus sur une tâche et que l'on ne s'éparpille pas à faire tout en même temps, on gagne en efficacité et donc en temps !

La méthode pomodoro

Pour être concentrée sur une tâche et être efficace, cette méthode est imparable. Il s'agit de paramétrer un chronomètre sur 25 minutes de travail intensif. Au bout de ces 25 minutes, chronométrez 5 minutes de repos total. Puis repartez pour un nouveau cycle et ainsi de suite ! Bien sûr, vous pouvez utiliser plusieurs cycles pour une seule tâche : vous chronométrer sert juste à vous concentrer à 100 % durant la plage de travail, alors que vous auriez traîné si vous ne vous étiez rien imposé.

Je délègue !

Un concept que l'on connaît toutes, mais qui ne vient pas naturellement. À la maison, on peut confier son ménage, mais aussi l'organisation de ses voyages… Comment savoir ce que vous pouvez déléguer ? Prenez une feuille et divisez-la en 3 colonnes : « Ce que j'aime faire » ; « Ce que je sais faire, mais qui me gonfle » ; « Ce que je ne veux pas faire ». Tout ce qui entre dans les colonnes 2 et 3 peut être délégué ! À l'intérieur de la colonne 1, vous pouvez même subdiviser entre : « Ce pour quoi j'ai une valeur ajoutée » et « Ce pour quoi je n'en ai pas », et également déléguer cette dernière catégorie.

Good vibes food

L'abondance au quotidien dans votre corps, c'est vous sentir pleine de peps et de vitalité ! Le corps a besoin de 3 données pour être en forme : du repos, de la nourriture et du sport. Notre corps est tellement sophistiqué qu'il peut compenser nos excès durant très longtemps. Toutefois, l'énergie qu'il devra déployer pour y parvenir se manifestera par des réveils difficiles, des nuits agitées, de l'irritabilité, des soucis digestifs… Pas question de calculer les calories, de se priver et encore moins d'être dans le contrôle systématique. La règle : répondre aux besoins du corps, ni plus, ni moins !

Mon plan body abondance

Pas de panique, on ne va pas tout changer du jour au lendemain. On va commencer, pas à pas, et prendre quelques bonnes résolutions.

REPOS ET TEMPS CALME	NOURRITURE ET BOISSONS	SPORT ET MOUVEMENT
 Se coucher à 22 h, 3 fois par semaine	Supprimer la junk food, les plats industriels (plats préparés), les produits transformés (tout ce qui n'est pas brut comme le Nutella, les biscuits sucrés ou salés, les céréales du petit déj…) et tout ce qui est raffiné (riz blanc, pâtes blanches, pain blanc, sucre…)	S'entraîner 1 à 3 fois par semaine
Méditer 10 minutes par jour	Miser sur les légumes bruts et bio, les céréales complètes ou semi-complètes, les légumineuses, les protéines maigres (tofu, tempeh, seitan)	Monter les escaliers à pied
Faire une micro-sieste au bureau à l'heure du déjeuner	Supprimer les sucres et remplacer les desserts par des fruits 	Faire une promenade en forêt ou au parc 1 fois par semaine
Faire 10 respirations conscientes dès que je sens le stress me gagner	Utiliser de bonnes graisses : les huiles d'olive bio première pression à froid, les huiles de cameline, les oléagineux (graines de lin, de courge, amandes…)…	Faire 10 minutes de yoga tous les matins 

REPOS ET TEMPS CALME	NOURRITURE ET BOISSONS	SPORT ET MOUVEMENT
Faire 1 méditation guidée le soir au coucher pour m'apaiser (utilisez une appli de méditation)	Limiter les cafés à 2 par jour au bureau et de l'eau ou des tisanes bio à la place de 6 autres	Faire 10 000 pas par jour (utilisez une appli podomètre)
Lire	Limiter l'alcool à 1 fois par semaine sauf événement important	Descendre à l'arrêt de bus ou métro précédent et finir à pied (ou garer sa voiture plus loin)
Instaurer une routine beauté ou cocooning de 10 min par jour.	Prendre 1 jus vert tous les week-ends	Contracter les fessiers et les abdos en allant à la machine à café

Je mets en place ces bonnes résolutions

Engagez-vous à faire 2 de ces actions la première semaine, puis 2 autres la semaine suivante et ainsi de suite. Si vous sentez que c'est un peu trop, réduisez à une seule action.

Mon plan d'action

Semaine 1, actions 1 & 2 : ....

Semaine 2, actions 3 & 4 : ....

Semaine 3, actions 5 & 6 : ....

Semaine 4, actions 7 & 8 : ....

Semaine 5, actions 9 & 10 : ....

Semaine 6, actions 11 & 12 : ....

Semaine 7, actions 13 & 14 : ....

Semaine 8, actions 15 & 16 : ....

Comment m'y tenir ?

Pour appliquer ces résolutions, rien ne vaut un habits tracker (ou suivi d'habitudes). Il s'agit d'un tableau comportant une case par jour et par résolution. L'idée est de cocher ou colorier la case du jour quand vous avez tenu votre résolution. Vous faites ainsi votre suivi. Cela vous permet de visualiser en un coup d'œil votre réussite, vous donner de la motivation et vous rappeler à l'ordre si vous tenez difficilement vos résolutions.

Chapitre 4

Abondance & happy attitude !

L'abondance, c'est vivre plein de petits bonheurs, de belles émotions, c'est diffuser de bonnes ondes. Et, good news : cela ne dépend que de nous ! Une vraie happy thérapie !

En mode pensée positive !

Pour attirer ce qui nous fait vibrer, autant remplir notre vie de joie, de bonheur, de plaisir et diriger notre attention sur ce qui va bien, sur ce que l'on fait de bien, sur ce qui est beau… Objectif : zéro pensée négative !

The positive mind

La pensée positive, c'est décider de penser autrement. Il ne s'agit pas de faire comme si tout allait bien et de masquer la réalité. Non, c'est bien plus puissant que cela. Le corps, l'âme et l'esprit interagissent, et la positivité a des effets sur chacun d'entre eux. Lorsque nous méditons, notre âme est contentée, notre esprit s'apaise et notre corps se détend. C'est la même chose lorsque nous faisons du sport, que nous lisons ou que nous contemplons un coucher de soleil. Dès lors que l'on génère une émotion positive, comme de la joie, de la gratitude, du plaisir ou de l'émerveillement, notre corps et notre esprit en profitent. Et comme on attire ce qui nous fait vibrer, nos vibrations attirent à elles ce qui vibre à la même fréquence. La positive attitude, la méthode feel-good par excellence et un vecteur d'abondance !

Je dégomme les pensées négatives

Les pensées parasites

Le vocabulaire que nous utilisons a le pouvoir d'attirer ou de repousser l'abondance. Ce sont ces petites phrases, en apparence anodines, qui, formulées plusieurs fois par jour, modifient notre état d'esprit sans que nous en soyons conscientes. Par exemple : « j'en ai marre », « je n'ai pas le temps », « je n'ai pas les moyens », « c'est dur », « je suis nulle », « je n'y arriverai jamais », « ce n'est pas possible », « ça me stresse »… Et vous, quelles sont vos petites phrases assassines quotidiennes ?

Comment twister mon état d'esprit ? En étant attentive à ces phrases et en les transformant immédiatement ! Entraînez-vous à dire plusieurs fois par jour : « C'est génial ! », « J'adore ! », « C'est chouette ! »…

Les pensées négatives

Il y a aussi les pensées négatives que l'on a sur soi-même. On sait qu'elles sont fausses car elles sont exagérées et qu'on a tendance à faire d'une situation ou d'un cas malencontreux une généralité. On les reconnaît à l'emploi des adverbes « toujours » ou « jamais » ; par exemple : « je suis toujours maladroite », « je ne suis jamais respectée », « c'est toujours pareil, je n'ai jamais de chance »… Méfiez-vous de ces prophéties auto-réalisatrices qui, par la loi d'attraction, ne font que conforter nos pensées négatives !

Comment twister mon état d'esprit ? Avec des pensées positives et constructives. Par exemple : « j'y arrive toujours », « je suis forte », « je suis formidable, je m'aime et je m'accepte telle que je suis »…

Les pensées limitantes

Il y a aussi toutes nos croyances sur le monde qui nous entoure. Pour trouver ces lieux communs, complétez les phrases suivantes :

La vie est ....

Le monde est ....

Le temps, c'est/ça ....

Les mecs sont ....

Les filles sont.. .

Tout ce que vous avez indiqué, que ce soit positif ou négatif, ce sont des croyances. Les croyances forment la vision que nous avons du monde, pas la réalité. Mais elles fabriquent notre vie, car celle-ci est simplement le reflet de nos pensées.

Comment twister mon état d'esprit ? Avec des phrases inspirantes et aidantes.

Pour que la reformulation positive soit efficace, il faut absolument dire la phrase au présent et ne surtout pas utiliser la négation. Pour faire entre la magie, vous pouvez écrire des phrases qu seront en harmonie avec vos objectifs d'abondance

Les affirmations positives

Les petits mantras que vous pouvez vous répéter sont des affirmations positives. L'autosuggestion positive a été créée par Émile Coué de la Châtaigneraie, un pharmacien français. Son observation ? Les patients qui guérissaient avaient un état d'esprit positif. Alors, il leur prescrivait de répéter plusieurs fois la phrase suivante : « Tous les jours et à tous points de vue, je vais de mieux en mieux. » Et ça marchait !
Ces affirmations positives permettent de se sentir mieux, mais également d'attirer à soi ce que l'on souhaite. Constituez votre liste d'affirmations positives et répétez-les le plus souvent possible, à voix haute si vous le pouvez ou intérieurement, un peu comme un mantra. Que vos affirmations soient en rapport avec le domaine dans lequel vous souhaitez attirer l'abondance ou non, elles participent à un état d'esprit positif qui booste votre abondance générale. Alors ne vous en privez pas !

Ma top-list d'affirmations positives

Inscrivez sur les rayons de ce soleil vos affirmations positives ! Par exemple : « ma vie est magnifique », « à chaque instant, je suis joyeuse », « j'ai de la chance, ma vie est un cadeau », « je suis en sécurité, la vie me veut du bien », « chaque jour, je suis de plus en plus sereine », « je réussis ma vie maintenant », « j'ai tout ce qu'il faut pour réussir ma vie », « je suis capable de tout réussir », « tout va bien maintenant et pour toujours »… Cependant, c'est mieux de vous fabriquer la phrase qui vibre pour vous et rendra votre vie so beautiful !

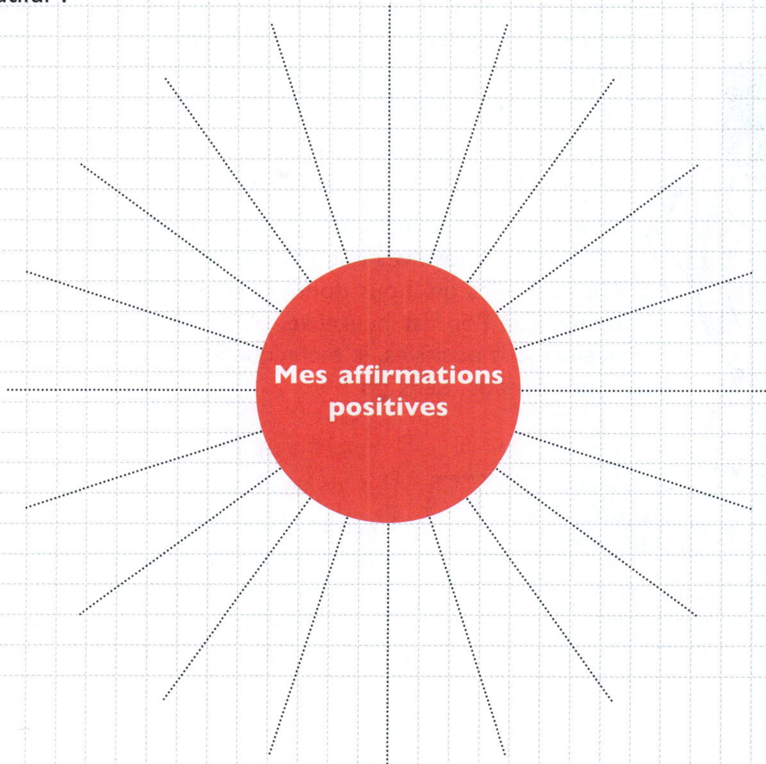

Mon rituel du miroir pour ancrer mes affirmations

Face au miroir, les yeux dans vos yeux, matin et soir, dites-vous : « je suis belle. Je suis digne d'amour. Ma vie est magique et pleine d'abondance. Je suis merveilleuse… »
Il n'est pas rare de rencontrer quelques difficultés avec cet exercice. Pas toujours facile de se dire des mots gentils, surtout si vous avez une tendance au perfectionnisme et que vous êtes dure avec vous-même. Ces résistances sont normales. N'insistez pas, mais n'abandonnez pas pour autant. Persévérez et, surtout, soyez attentive aux pensées qui se présentent : elles vous donneront d'autres affirmations négatives à éliminer et à twister en affirmations positives.

Pour booster votre positive attitude, vous pouvez ensuite déposer 2 gouttes d'huile essentielle de géranium rosat sur vos poignets et les respirer !

Feel positive !

Notre vie n'est pas seulement influencée par nos pensées. Il y a une chose à ne surtout pas négliger, c'est la nature de nos émotions ! On peut passer des heures à se répéter des mantras, elles ne restent que des phrases si elles ne s'accompagnent pas de ressentis positifs. C'est pour cela qu'il faut trouver les affirmations les plus alignées possible. Celles qui vous mettent instantanément dans un état d'esprit positif. « Sunday, Monday, Happy days ! » pour que chaque jour ressemble à cette chanson, entraînez-vous à des émotions positives !

Je collectionne les petits bonheurs !

Car oui, c'est à cela que se mesure notre bonheur : à la somme d'émotions positives que l'on ressent tout au long de la journée. Ce sont elles qui nous donnent la sensation que la journée était bonne, que l'on est heureuse, pleine d'abondance. Et pour avoir des émotions positives, la technique est de mettre de la conscience dans vos ressentis. Let's go !

J'écris un journal de mes émotions

L'action d'écrire à la main a des vertus thérapeutiques. On lâche à l'écrit les émotions que l'on n'est pas en mesure de libérer à l'oral. Cela nous met face à nous-mêmes et participe d'une meilleure connaissance de soi.

Le journaling pour libérer les émotions négatives, c'est possible aussi !
Réservez des pages « garbage », des pages qui serviront à vous lâcher et à exprimer vos émotions négatives (et que vous pourrez ensuite déchirer et jeter).

Mettez-vous au journaling ! Passez 5 à 10 minutes chaque jour pour faire le point, à l'écrit, sur votre journée, en vous attardant sur vos émotions. Pour chaque action, notez votre ressenti : « J'ai réussi à boucler mon projet dans les délais. Je me suis sentie fière de moi. Libérée et heureuse. »

Je liste mes petits bonheurs

Dans votre journal, faites aussi la liste de tous vos petits bonheurs du jour. Ce n'est pas forcément de gros événements, tout compte ! Votre café du matin chez vous dans le calme, écouter le bruit de la pluie, un beau livre que vous avez acheté… Tout ce qui vous a rendue heureuse ! Pour booster votre abondance, imposez-vous de lister 3 bonheurs par jour.

Ma top-list des petits bonheurs

....

....

....

....

....

....

Je rebooste mon mood

Pour décupler votre positivité et voir la vie côté happy, rien de tel qu'une petite visualisation de 5 minutes pour vous rebooster quand vous sentez que votre humeur commence à s'assombrir. Surtout, n'attendez pas d'être submergée. Mieux vaut évacuer l'émotion avant qu'elle ne se décuple. La méthode T.E.L.É (technique express de libération émotionnelle) ne prend que 2 ou 3 minutes et fonctionne quelle que soit l'émotion qui vous dérange : colère, tristesse, stress, jalousie, peine…

Ma visualisation good mood

Vous pouvez la pratiquer assise, debout et même allongée. Fermez les yeux. Prenez quelques respirations amples et profondes et attardez-vous sur l'émotion. Où est-elle dans votre corps ? Observez-la, sans juger, en continuant à respirer profondément sans forcer. Puis, demandez-vous quelle forme a cette émotion, quelle couleur. Refaites quelques respirations en continuant d'observer cette forme et cette couleur puis commencez par changer la forme. Puis, changez la couleur. Et maintenant que forme et couleur sont changées, observez l'émotion remonter lentement jusqu'à votre bouche. Une fois qu'elle sera dans votre bouche, soufflez-la et imaginez un ballon de la couleur de votre émotion se gonfler. Lorsque toute l'émotion aura été soufflée, observez le ballon monter dans le ciel jusqu'à ce qu'il disparaisse. Ouvrez les yeux. C'est magique, vous êtes de nouveau calme et de bonne humeur !
N'hésitez pas à renouveler cette expérience aussi souvent que nécessaire !

Déco happy mantras
Il existe des lettres de taille différentes à customiser dans les boutiques d'activités créatives. Choisissez votre mot (« Smile », « Happiness »…). Décorez-les avec de la peinture, du papier japonais, du washi-tape, des fils de laine à enrouler autour, des fleurs artificielles ou en carton à fixer dessus, des boutons, des rubans… Disposez-les directement sur le mur, sur une planche en bois vintage, une toile en lin, un plexiglas de couleur… Ou posez-les sur un meuble. Good vibes garanties !

Ma morning routine positive

Le matin est le moment idéal, car il détermine le mood de la journée qui s'annonce. Entendre sonner le réveil est douloureux, surtout si l'on a encore envie de rester sous la couette. Alors pour éviter de sécréter des ondes négatives au saut du lit, consacrez un peu de temps tous les matins à votre morning routine good vibes. Désormais, le réveil sera le signal d'une journée magique qui s'annonce !

Happy morning
Le petit geste qui met la banane dès le matin : collez un Post-it avec le mot « Happy » ou « Be Happy » au dos de la porte de votre chambre, ou sur un mur, au premier endroit que vous verrez lorsque vous ouvrirez les yeux !

Je me lève tôt !

Une bonne journée commence par prendre le temps… et s'il le faut, réveillez-vous plus tôt ! En mode « Miracle Morning » ! Développée par Hal Elrod, coach et conférencier américain, cette méthode consiste à se lever 1 heure plus tôt et à profiter de ce moment pour s'occuper de soi. Là où ça devient intéressant ? En vous levant dès la première sonnerie, en vous couchant à des heures raisonnables, en avançant l'heure du réveil de 15 minutes, on peut facilement gagner 40 à 50 minutes pour soi.

La méthode SAVERS
Hal Elrod propose de consacrer ce temps supplémentaire à : quelques minutes de **S**ilence, des **A**ffirmations positives, des **V**isualisations, de l'**E**xercice physique, de la lecture (**R***eading*) et de l'écriture (**S***cribing*).

Je prends un bon petit déjeuner

C'est véritablement un moment à ne pas négliger, un moment durant lequel vous vous faites plaisir et qui va recharger votre corps de bonnes ondes à condition d'éviter les sucres rapides et les produits trop gras, qui alourdissent la digestion et fatiguent ou offrent une énergie à courte durée qui sera tout de suite suivie de coup de barre.

Recette d'été : banana bowl aux fruits

L'astuce ? Congelez les bananes trop mûres de la semaine, elles pourront vous servir à réaliser cette recette. Découpez-les en rondelles et stockez-les au congélateur. Dans le bol d'un robot, mettez quelques rondelles de bananes congelées, du lait végétal d'avoine (ou autre), un peu d'extrait de vanille liquide et mixez jusqu'à ce que le mélange ait la consistance d'une glace. Dosez le lait en l'ajoutant au fur et à mesure pour éviter que ce soit trop liquide. Vous pouvez rajouter 1 c. à c. de sirop d'agave ou d'érable si vous trouvez que ce n'est pas assez sucré. Disposez le mélange dans un bol. Sur la moitié de la surface, disposez harmonieusement des fruits rouges frais, sur un quart des amandes effilées grillées, et sur l'autre quart des graines de chanvre. Très sain et hyper gourmand !

Recette d'automne-hiver : porridge gourmand

La veille, mélangez ½ verre de flocons d'avoine bio complets, ½ verre de yaourt végétal (soja vanille) et ¾ de verre de lait végétal (soja vanille). Vous pouvez aussi rajouter 1 c. à c. de cacao, de cannelle ou de vanille liquide ou en poudre pour l'aromatiser à votre goût. Mélangez le tout et stockez-le au réfrigérateur durant la nuit. Le lendemain, réchauffez le mélange (il est devenu hyper crémeux et très fondant, il peut même se déguster nature) et versez-le dans un bol. Ajoutez des fruits frais de saison coupés (pomme, poire, banane…), quelques copeaux de noix de coco, de la purée d'amande ou du beurre de cacahuètes, des pépites de chocolat noir… Laissez parler votre créativité et vos envies !

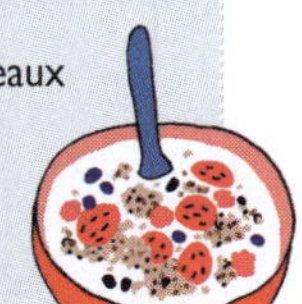

J'écoute de la musique en savourant mon bowl…

…surtout pas la radio et son flot de bad news (et encore moins en scrollant sur les réseaux sociaux). De la musique douce, calme, inspirante, pour un réveil en douceur. Pas d'écran du tout durant toute la routine !

Je médite

Pas besoin d'y passer trop de temps, 5 à 10 minutes suffisent, c'est la régularité qui prime. Démarrez votre méditation par une douche de lumière. Comme la douche qui permet de débarrasser son corps des impuretés, la douche de lumière lave le corps de ses déchets énergétiques. Pour cela, fermez les yeux, prenez quelques respirations et imaginez une

douche de lumière. Placez-vous sous son jet et laissez-la vous traverser et nettoyer toutes les cellules de votre corps. Imaginez que les tensions, les émotions, la fatigue, le stress sont emportés par cette douche. Puis, prenez quelques inspirations et poursuivez par une courte méditation de pleine conscience (voir p. 48).

Je m'étire !

Rien de tel pour rebooster son énergie. Pour cela, mettez-vous face à une fenêtre, écartez les jambes de la largeur de votre bassin puis levez les bras en les ouvrant, les paumes tournées vers le ciel. Étirez le bout de vos doigts au maximum, puis relâchez d'un coup. Faites-le 3 fois.
Puis, mettez-vous à genoux, les fesses reposant sur vos pieds. Prenez une profonde inspiration puis laissez vos bras pendre de chaque côté de votre corps, les paumes face au mur devant vous, le bout des doigts tendus au maximum en direction du sol. Enfin, remontez lentement les bras jusqu'au-dessus de votre tête, sans relâcher l'étirement et sans plier les coudes. Arrivée en haut, joignez les paumes de vos mains et descendez-les très lentement, sans les séparer, jusqu'à la poitrine, en pliant les coudes. Recommencez 3 fois.
Enfin, mettez-vous sur les genoux et les mains (en posture de la table) pour faire quelques chats. Inspirez, creusez le dos et remontez la tête et le menton, épaules loin des oreilles. Expirez, arrondissez le dos et laissez tomber la tête. Recommencez une dizaine de fois.

Je pose mes intentions

C'est le moment de sortir votre petit carnet et d'écrire votre intention et vos objectifs pour la journée. Puis consacrez 5 minutes à la visualisation de votre journée idéale (voir p. 28).

Je récite mes affirmations positives

Choisissez une affirmation et écrivez-la une dizaine de fois puis répétez-la à voix haute pour l'ancrer.

Je prends une douche

Pendant que l'eau coule sur votre corps, imaginez que tous les soucis, le stress, la fatigue quittent votre corps. Profitez-en pour continuer à prononcer ou à chanter comme un mantra votre affirmation du jour !

Je booste ma positivité

Avant de partir, listez vos 3 gratitudes de la matinée. Puis levez le poing de la victoire en disant : « Cette journée va être géniale, géniale, géniale ! »

Je me programme pour une journée parfaite !

Ce petit rituel consistant à imaginer votre journée idéale vous programme à positiver, à éviter les émotions parasites et vous aide à toujours réagir de façon idéale, quels que soient le moment ou la situation. Pratiquez le matin, au saut du lit.

1. Imaginez une journée où tout se déroulerait comme vous l'aimeriez.
2. Débutez ce programme dès le réveil. Que faites-vous ? Quels sentiments positifs ressentez-vous avant de vous lever ?
3. Maintenant, vous êtes sur le trajet. Que se passe-t-il autour de vous ? Que ressentez-vous ? Ouvrez votre cœur et laissez-le diffuser des vibrations d'enthousiasme pour cette journée fantastique.
4. Vous arrivez au bureau. Que voyez-vous ? Comment vous déplacez-vous ? N'oubliez pas de décrire une journée idéale !
5. Vous commencez votre journée. Comment vous sentez-vous ? Que se passe-t-il dans cette journée idéale ?
6. Vous rencontrez une difficulté. Comment la gérez-vous de façon positive ?
7. Vous obtenez une victoire. Que faites-vous pour la célébrer et booster votre positive attitude ?

8. Vous subissez un échec ou une critique. Comment réagissez-vous de façon positive ? Quelles ressources mobilisez-vous ?
9. Puis, la journée terminée, vous rentrez chez vous. Que ressentez-vous en repensant à cette journée ?

Avec cette visualisation d'abondance de positive attitude, c'est sûr que vous allez attirer l'abondance pour de vrai ! En faisant cet exercice, vous envoyez à la vie un message fort : « mes journées sont fantastiques ». Et vos journées le deviendront encore plus.

L'abondance, ça se décide !

Nous ne sommes pas à l'abri d'une contrariété, d'un embouteillage, d'une mauvaise nouvelle… Pour rester positive en toutes circonstances, il faut le décider. Chaque jour, rappelez-vous le pacte sur lequel vous allez vous engager : vous sentir comblée. Pour cela, écrivez tous

les matins 5 fois cette phrase avant de la dire à voix haute (si c'est possible) : « La vie est un cadeau qui, chaque jour, comble tous mes besoins en abondance. » Bien sûr, cela n'empêchera pas les tracas du quotidien. Être positive ne va pas dissoudre les bouchons, rendre les gens plus sympas, changer l'humeur de votre boss… Mais à force de diriger votre cerveau sur ce qui est beau, bien et bon, vous prêterez beaucoup moins d'importance à ces choses-là. Ce seront des détails dans votre journée.

100 % responsable de nos émotions

Nous sommes 100 % responsables de ce que nous pensons puisque c'est nous qui faisons le choix de voir la vie en rose ou la vie en noir, et les autres et les circonstances n'y sont pour rien. Bien entendu, il est possible de traverser des moments stressants, mais même dans ces conditions, c'est nous qui faisons le choix du stress. On le laisse entrer et nous envahir ! Le stress est une perception : il n'existe pas, c'est nos pensées qui le créent. Non, ce ne sont pas les événements, les situations ou les autres qui sont responsables. C'est à vous de choisir la positive attitude et la sérénité. Et comme il est physiquement impossible d'être à la fois stressée et positive car le cerveau ne peut pas sécréter à la fois des hormones de bien-être et de stress, la positivité remplace le stress.

En pleine conscience !

La majorité de ce que nous faisons, nous le faisons en mode automatique. Nous mangeons en pensant à autre chose, et on termine son repas sans même se souvenir de son goût, de la texture des aliments… Vous souvenez-vous comment était votre douche de ce matin, ce que vous avez ressenti ? De ce qu'il y avait sur votre trajet pour vous rendre au travail ? C'est ainsi pour toutes nos activités ! On passe plus de temps dans notre tête à ressasser le passé ou à se projeter dans l'avenir, ce qui alimente le stress et la déprime, car on tourne en boucle avec nos difficultés. Du coup, nous ne sommes jamais là où il faudrait être : dans l'instant présent. Nos pensées passent de l'une à l'autre sans transition et sans s'arrêter et parfois nous n'en sommes même pas conscientes. Comment vivre dans l'abondance dans ces conditions ?

Vive l'instant présent !

À l'inverse, il y a plein de petits bonheurs dans le moment présent ! Pratiquer la pleine conscience, c'est être totalement présente à l'instant, à votre corps et, ainsi, à vos 5 sens. Or, vos sensations sont une vraie source de plaisir et contribuent à votre sensation d'abondance ! Par exemple, lorsque vous prenez votre douche le matin, appréciez la sensation de l'eau, la chaleur, l'odeur du savon… Ça fait du bien et ça crée un vrai sentiment de bonheur !

Mon plan de pleine conscience

- Dès le matin, prenez une douche consciente, c'est-à-dire en restant attentive à ce que vous faites, à vos sensations, aux odeurs, aux couleurs, aux sons…
- Lorsque vous mangez seule, soyez attentive à vos ressentis, mâchez en savourant chaque bouchée, lentement…
- Lors d'une discussion, écoutez en conscience la personne qui vous parle, observez le ton de sa voix, les mouvements de son corps, le débit de ses mots…
- Au bureau, faites des pauses pour respirer et vous recentrer.

Mon rituel *back to the present* !

Une vaporisation d'eau florale (de géranium, de fleur d'oranger) sur le visage. C'est frais, ça sent bon, les gouttelettes sont fines et agréables… Cette sensation ultra-complète vous ramène immédiatement au présent !

La gratitude attitude

S'il y a bien une pratique incontournable pour activer la loi d'attraction, c'est celle de la gratitude. La gratitude consiste à se montrer reconnaissante pour tous les petits et grands bonheurs de notre vie. Cette attitude permet de modifier en un instant notre état d'esprit et de se sentir emplie de joie. C'est une façon d'identifier toutes les sources de petits et grands bonheurs de notre vie, mais aussi tout ce que l'on possède de positif. De quoi diffuser un maximum de bonnes vibrations et en recevoir tout autant ! Mais de quoi doit-on se montrer reconnaissante ?

Je remercie pour ce que j'ai déjà

Cela consiste à remercier la vie pour tout ce que nous avons et qui nous semble naturel au point de l'oublier, mais qui nous manquerait si nous ne l'avions pas, comme : la vie, l'ouïe, la douche chaude du matin, un chez-vous cocooning, une famille… Tous ces petits bonheurs qui passent inaperçus. Il s'agit de déceler toute l'abondance autour de nous.

Je remercie pour les bonnes choses de la journée

Ce sont les petits bonheurs du jour, les belles émotions, les événements heureux, les jolies choses, ce qui nous enthousiasme, les compliments reçus… Tout ce qui nous a fait plaisir dans la journée.

Je remercie pour les défis du quotidien

Eh oui, il est important d'exprimer notre gratitude vis-à-vis des problèmes ou des difficultés. Parce que derrière chaque défi que la vie nous propose, il y a un bénéfice. Oui, toujours ! En fait, les événements sont neutres, c'est nous qui les qualifions de positifs ou négatifs, de bien ou de mal. En nous montrant reconnaissantes, nous atténuons la charge émotionnelle et donc nous produisons une abondance de bonnes ondes.

Je remercie pour ce que je n'ai pas encore

C'est un peu étrange, car il s'agit là d'exprimer sa gratitude pour ce que l'on souhaite, mais que l'on n'a pas encore ! Et cela s'explique parce que l'on part d'un postulat : nous avons confiance en la vie et en l'abondance. En nous réjouissant d'avance pour ce que l'on veut obtenir, on passe sa commande à l'univers et on attend sagement qu'il nous la livre ! Cela permet également de se projeter en confiance, ce qui évitera le découragement et le manque de motivation. C'est l'attitude qui active la loi d'attraction !

Je remercie pour tout ce qui est beau

S'émerveiller est essentiel pour attirer l'abondance ! Il s'agit de se montrer attentive aux bienfaits de la vie et plus particulièrement à ceux de la nature. Car c'est prouvé : ce qui est beau calme l'esprit et apporte du bien-être. CQFD !

Je crée un carnet de gratitude

Pour entretenir votre attitude positive et booster votre abondance, tenez un carnet de gratitude ! Cela consiste à écrire tous les jours, matin et soir, ce qui vous rend reconnaissante. En le faisant régulièrement, vous verrez votre vie se transformer et la magie de l'abondance mettre des paillettes dans votre vie !

En pratique

Chaque matin, avant d'ouvrir les yeux, choisissez 3 choses pour lesquelles vous souhaitez dire merci. Un événement, une situation, la rencontre d'une personne… Prenez le temps de remercier pour cela et de ressentir ce que cela vous procure. Faites-le pour les 3.
Le soir, faites la même chose après avoir fait le bilan de votre journée. Et même si celle-ci vous a semblé difficile, il y a toujours de belles choses (la douceur du soleil sur votre visage, la caresse du vent dans vos cheveux, le clair de lune qui filtre à travers les rideaux…).

Les rituels d'abondance

Ce n'est certainement pas en se convaincant d'être positive qu'on peut le devenir. C'est en développant des habitudes, en créant des petits rituels qu'on s'entraîne à l'être de plus en plus. *Let magic happen !*

Je célèbre toutes mes petites victoires !

Vous l'avez compris, pour vivre dans l'abondance, la clef est d'accentuer ce que nous aimons pour en avoir davantage. C'est la raison pour laquelle les célébrations sont fondamentales. Et pas que pour les grands succès. Qu'avez-vous l'habitude de faire lorsque vous avez bouclé un projet, surmonté une peur, osé vous dépasser ? Pourquoi banaliser ces jolis moments et ne pas les célébrer ? Et, surtout, ne minimisez pas les victoires ! Elles sont très importantes puisqu'elles participent à booster votre abondance !

Mon rituel pour célébrer mes victoires

D'abord, félicitez-vous. Comme pour un ami, dites-vous des mots d'encouragement : « Bravo ! Je suis fière de toi. Tu as réussi comme toujours. Tu es formidable. » Et marquez le coup avec une petite récompense ! Offrez-vous votre boisson préférée dans votre endroit préféré, une manucure, un petit massage, un macaron, un jour de RTT pour faire du yoga…

Je souris !

Lorsqu'on sourit, même si c'est forcé, nous envoyons un message à notre cerveau : je suis heureuse. Il ne s'agit pas de se forcer à sourire, mais de choisir une image mentale qui nous met la banane et se la rappeler. On peut aussi écouter une musique joyeuse comme *Happy* de Pharell Williams. Un véritable antidote au stress !

Ma top-list de ce qui me met la banane

....

....

....

....

Votre défi ? Pratiquer au moins 1 fois par jour l'un de ces gestes !

Je me lâche et je danse !

Pour décupler votre positivité et vous remplir de good vibes, rien de tel que de danser sur une musique joyeuse. Trouvez celle qui vous met instantanément de bonne humeur et dansez !

Ma short-list des musiques pour me lâcher !

....

....

....

....

Votre défi ? Danser 1 fois par semaine (le vendredi soir c'est le must pour relâcher les tensions de la semaine) !

Je ris !

Sourire c'est bien, rire c'est encore mieux ! Les études sont unanimes, le rire est un antistress radical. Les recommandations ? Rire 10 à 15 min par jour.

Ma top-list humour

- Regarder un spectacle drôle une fois par semaine en streaming ou en live.
- Inviter des amis trop drôles.
- Vous abonner à des groupes Facebook ou des chaînes YouTube d'humour.
- Faire des blagues à vos amis.
- ....
- ....
- ....
- ....

Ma séance de méditation du sourire

Avant de commencer, pensez à quelque chose qui vous rend heureuse rien que d'y penser : une mélodie, quelqu'un que vous aimez, un voyage… Assise sur une chaise, les pieds (nus ou en chaussettes) bien à plat. Pour commencer, faites 3 ou 4 respirations amples et profondes en gonflant le ventre à l'inspiration et en vidant ventre et poumons à l'expiration. Puis pensez à ce qui vous rend heureuse et inspirez ce bonheur comme si vous respiriez un parfum. Imaginez ce parfum pénétrer toutes les cellules de votre corps. Vous pouvez visualiser ce parfum comme des paillettes dorées lumineuses qui entrent et se diffusent dans tout votre corps. Souriez pour amplifier ce bonheur !

Je cultive l'abondance au quotidien

Il ne peut y avoir de résultats sans actions répétées. Faites de ces petits rituels des habitudes quotidiennes. Vous pouvez les inscrire dans votre habits tracker (voir p. 52) pour faire votre suivi et vous inciter à les pratiquer chaque jour.

Être positive, c'est être confiante !

Vivre dans l'abondance, c'est être sereine et confiante, convaincue que la vie nous veut du bien. Cette attitude d'ouverture et de réceptivité permet à l'énergie de circuler, vous permet de recevoir tous les petits cadeaux de la vie et de diffuser de bonnes ondes.

Je booste ma confiance en la vie

Pour vous prouver que la vie est digne de confiance, je vous propose de lister toutes ces situations qui se sont révélées être un mal pour un bien. Comme l'appartement qui vous est passé sous le nez avant de trouver un super loft, l'amour de votre vie qui est parti et qui s'est avéré ne pas être du tout votre âme sœur…

Ma liste des bonnes actions made by la vie

- ❑ ....
- ❑ ....
- ❑ ....
- ❑ ....

Je booste aussi ma confiance en moi !

Cela permet de booster sa confiance tout court !

Je me valorise !

Difficile de vous trouver des qualités qui puissent vous donner confiance en vous ? Pas de souci, listez vos prétendus défauts… et trouvez la qualité qu'ils cachent. Par exemple, vous vous trouvez timide ? Mais est-ce que cette timidité ne vous permet pas d'être plus à l'écoute des autres, d'avoir davantage d'empathie ? Pour augmenter sa confiance en soi, il convient d'être bienveillante envers soi-même. En valorisant vous-même vos atouts, vos qualités et vos forces, vous dopez votre confiance et votre estime de soi.

Chapitre 5

Je gère mon budget !

Money, money… Même si l'abondance n'est pas que l'argent, ce dernier y contribue. Il est indispensable pour réaliser les projets qui vous tiennent vraiment à cœur, pour vous faire plaisir de temps en temps et augmenter votre niveau d'abondance et de good vibes… Vous n'allez pas devenir riche tout à coup grâce à la loi d'attraction, mais vous allez vous sentir *suffisamment* riche ! Que vous soyez du genre serial shoppeuse toujours dans le rouge, shoppeuse inconsciente frustrée de ne rien pouvoir s'offrir ou anti-shoppeuse stressée par les dépenses, vous pouvez accéder à l'abondance financière !

L'abondance dans le budget, c'est quoi ?

L'abondance d'argent n'est pas proportionnelle à ce que l'on a sur son compte en banque, elle est équivalente à votre zen attitude vis-à-vis de l'argent. Il existe des personnes très riches qui sont pourtant très angoissées et ont peur de manquer en permanence ! Il ne s'agit pas d'avoir beaucoup d'argent ou de biens, mais d'avoir l'esprit tranquille. D'être sûre de ne pas être à court au niveau financier, ou bien, si c'est le cas, de trouver une solution. C'est cela la véritable abondance ! Un mood positif, confiant et zen ! Ça implique d'avoir de l'argent pour répondre à vos besoins, ni plus, ni moins. Pour cela, vous devrez bien gérer votre budget, sans vous priver, mais sans gaspiller !

8 astuces pour vivre dans l'abondance

Astuce 1 : augmenter sa richesse intérieure

Pour attirer l'argent à soi en abondance (ça ne signifie pas être millionnaire, mais voir tous ses besoins comblés), il faut cultiver la confiance en la vie. Si l'on est sans cesse inquiète, que l'on craint de ne pas arriver à boucler le mois et qu'on stresse à cause d'un découvert, on produit des bad vibes, qui en attirent de plus nombreuses. Pour rétablir l'abondance, cultivez plutôt la gratitude, la confiance, la joie. Le secret ? Vivre intérieurement comme si vous ne manquiez de rien (voir l'exercice de la gratitude pp. 64 et 65 pour nourrir cette richesse intérieure) !

Astuce 2 : laisser l'argent aller et venir sans s'inquiéter !

L'argent, comme toute source d'abondance, est une énergie illimitée qui doit circuler. En bref : c'est un moyen d'échange qui se déplace en permanence, se réduisant ici pour combler là et ainsi de suite, formant une boucle qui s'auto-alimente ! Bloquer l'énergie de l'argent, à l'inverse, pose problème, car alors le circuit se rompt.

S.O.S., j'ai peur de manquer !

Laisser l'argent circuler ok, mais s'il s'en va ? C'est flippant ! La peur de manquer est la plus courante. Cette peur du manque est étroitement liée à un besoin que nous partageons tous : la sécurité. Pas étonnant, la sécurité est un besoin fondamental ! En effet, selon Abraham Maslow, psychologue et meneur de l'approche humaniste, les besoins les plus fondamentaux (besoins physiologiques comme manger, boire, se vêtir, dormir, avoir un toit et les besoins de sécurité, c'est-à-dire l'assurance que les besoins précédents seront bien comblés tout le temps) nécessitent de l'argent. En bref, l'argent est nécessaire pour notre survie. Pas étonnant que ce soit un sujet d'inquiétude !

Astuce 3 : revoir ses croyances

On se limite souvent à cause de croyances éducatives (que nous avons héritées de nos parents ou de personnes fréquentées pendant l'enfance, qui parlaient ou géraient leurs finances), de croyances culturelles (chaque pays a un rapport différent à l'argent. Par exemple, les Américains en parlent ouvertement alors que nous, les Français, non), de croyances personnelles aussi (selon nos expériences et notre caractère). Pour manifester l'abondance, vous devez vous libérer de ces injonctions qui vous bloquent !

Mon rituel money positive

Écrivez le mot « argent » sur une feuille de votre Bullet Journal. Entourez-le, puis, sans réfléchir, inscrivez autour tout ce qui vous passe par la tête à propos de ce mot. Surtout, ne vous limitez pas, même si cela vous semble évident, bizarre, désorganisé… Une fois terminé, entourez tous les mots positifs et encadrez tous les mots négatifs et faites les comptes! Vous risquez de jolies prises de conscience : en faisant cet exercice, vous pouvez débusquer de quoi dégommer les croyances limitantes.

Astuce 4 : lâcher prise ou bien agir

Lorsque les choses ne se déroulent pas tout à fait comme nous le souhaitons, râler nous fait basculer en mode bad vibes. Vous vous êtes fait voler votre porte-monnaie? Vous vous êtes fait arnaquer? Votre salaire n'est pas à la hauteur? C'est un fait, il est neutre. Et puis, faire des reproches à vous-même ou à la société n'y changera rien. Agissez plutôt sur ce que vous pouvez changer : porter plainte, faire opposition, renégocier votre salaire… Et passez à autre chose. Dites-vous : « Si je mérite l'abondance, la vie ne tardera pas à combler cette perte. » Essayez, je vous assure que c'est magique! Good vibes en abondance en prime!

Astuce 5 : cesser la jalousie

C'est vrai, on aimerait avoir ceci ou cela, nous permettre plus d'extravagance comme notre copine plus aisée. Stop! Ce genre de pensées contient une petite pointe d'envie et de jalousie complètement anti-abondance! Ce ne sont que des bad vibes! Pire! Si vous critiquez, vous envoyez à la loi d'attraction le signal : « Je ne veux pas être comme eux, je ne veux pas connaître le succès financier. »

Astuce 6 : arrêter les relations émotionnelles à l'argent

Nous l'avons vu, l'argent est étroitement lié à des besoins vitaux. Ce qui fait que nous compensons, grâce à lui, un manque de sécurité interne. Il peut aussi compenser un manque d'affection, de reconnaissance, d'assurance… Les achats compulsifs sont souvent réalisés lorsque nous sommes mal dans notre peau et servent à nous récompenser, nous réconforter… Cherchez plutôt les besoins qui se cachent derrière ces compulsions pour y mettre fin.

Astuce 7 : s'autoriser à recevoir

Les achats compulsifs et les privations, c'est un peu la même chose : de l'extrémisme. Quand on vit avec la conscience de l'abondance, on est convaincue que tous nos besoins seront comblés par la vie. On s'autorise donc à se faire plaisir, à se gâter… Il ne s'agit pas de dépenser plus que ce que l'on a ou d'être déraisonnable, mais simplement de ne pas se priver lorsqu'on a vraiment envie de quelque chose. Vous priver est une façon de vous maltraiter qui traduit un manque d'estime. Alors estimez-vous, aimez-vous ! La vie a besoin de savoir qu'elle est autorisée à nous combler. Et, pour cela, nous devons être cohérentes dans notre comportement : si c'est la robe bleue que l'on préfère, on n'achète pas la rouge qui est soldée !

Astuce 8 : être généreuse

Selon la loi d'attraction, plus on donne et plus on reçoit. Et si vous donniez, chaque mois, 10 % de ce que vous gagnez à une cause qui vous touche ? Si cela vous semble beaucoup, vous pouvez réduire cette somme à ce qui vous semblera juste. Engagez-vous à le faire (en effectuant un virement mensuel par exemple) et passez à l'action, car c'est une règle d'attraction puissante qui veut que plus l'on donne plus l'on reçoit.

Je gère mon budget !

L'abondance dans le budget, c'est aussi une question d'organisation ! Faire son budget, c'est prévoir, anticiper et suivre les dépenses afin d'avoir une vision claire de ce que l'on peut dépenser. Fini le flou stressant ! Par la même occasion, cela vous permettra de déterminer de combien vous disposez pour vous faire vraiment plaisir !

Calculez vos revenus

D'abord, il est nécessaire de savoir ce que vous gagnez. Il s'agit de votre salaire, mais aussi des aides, primes…. Toutes les rentrées d'argent régulières ! Et si vous êtes free-lance et avez des revenus irréguliers, faites une moyenne sur 6 mois à 1 an. Connaître vos revenus vous permettra de savoir de combien vous disposez avant d'attribuer un budget à chaque poste de dépense.

Faites votre budget

L'étape suivante est de faire votre budget, c'est-à-dire, à partir de la somme dont vous disposez (revenus), de budgéter vos dépenses. En les prévoyant et en leur attribuant un budget, vous avez une vision claire de ce que vous pouvez dépenser. Plus de flou !

D'abord, je calcule les dépenses fixes

En priorité, il s'agit d'attribuer un budget aux dépenses fixes. Ce sont les dépenses que vous ne pouvez pas supprimer : votre loyer, l'assurance de votre appartement, l'électricité, l'eau, votre abonnement téléphonique et Internet, les charges, les impôts, les crédits...

Je n'oublie pas l'épargne!
N'oubliez pas de budgéter l'épargne, qui est aussi une dépense mensuelle à prévoir!

Ensuite, j'évalue mes dépenses essentielles

Puis, prévoyez un budget pour vos dépenses indispensables, celles dont vous ne pourriez pas vous passer : les courses, les transports, voire votre yoga si c'est une dépense non-négociable! Ainsi, avec les dépenses fixes et essentielles, vous êtes sûre que vos besoins sont couverts, et vous savez combien il vous reste pour vous faire plaisir!

Et je déduis le reste à vivre (ou dépenses variables)!

Enfin, calculez ce qu'il vous reste une fois ces deux catégories de dépenses réalisées. En faisant une simple soustraction : dépenses – revenus. Il s'agit justement de la catégorie plaisir! Ce sont les dépenses qui ne sont pas obligatoires comme les restos, les loisirs, les soins esthétiques...

Mon budget mensuel

Coût total prévu	Coût total réel	Différence
€	€	€

REVENUS MENSUELS	
Salaire	€
Revenu supplémentaire	€
Total des revenus mensuels	€

HABITATION	Coût prévu	Coût réel	Différence
Loyer ou remboursement du prêt	€	€	€
Téléphone	€	€	€
Gaz/électricité	€	€	€
Eau	€	€	€
Charges diverses	€	€	€
Câble, box, Netflix...	€	€	€
Redevance télé	€	€	€
Entretien ou réparations	€	€	€
Appareils ménager	€	€	€
Autre	€	€	€
Sous-total	€	€	€

Solde prévu (revenus prévus moins les dépenses)	€
Solde réel (revenus actuels moins les dépenses)	€
Différence (solde réel moins solde prévu)	€

Mon budget mensuel

TRANSPORT	Coût prévu	Coût réel	Différence
Remboursement de la voiture			€
Carte de transport/taxi			€
Assurance			€
Vignette			€
Carburant			€
Entretien			€
Autre			€
Sous-total	€	€	€

ASSURANCES

Habitation			€
Maladie			€
Autre			€
Sous-total	€	€	€

ALIMENTATION

Épicerie			€
Restaurants			€
Autre			€
Sous-total	€	€	€

ANIMAUX DOMESTIQUES

Nourriture			€
Vétérinaire			€
Autre			€
Sous-total	€	€	€

SANTÉ, HABILLEMENT ET HYGIÈNE CORPORELLE

Médecin			€
Coiffeur			€
Habillement			€
Pharmacie			€
Club de sport			€
Autre			€
Sous-total	€	€	€

LOISIRS	Coût prévu	Coût réel	Différence
Vidéo/DVD			€
Musique/audio			€
Cinéma			€
Concerts			
Événements sportifs			€
Théâtre			€
Autre			€
Sous-total	€	€	€

PRÊTS

Personnel			€
Autre			€
			€
			€
			€
			€
Sous-total	€	€	€

IMPÔTS

Sur le revenu			€
Taxe d'habitation			€
Taxe foncière			€
Autre			€
Sous-total	€	€	€

ÉPARGNE OU INVESTISSEMENTS

CEP			€
Compte d'épargne			€
Autre			€
Sous-total	€	€	€

CADEAUX ET DONS

Don 1			€
Don 2			€
Don 3			€
Sous-total	€	€	€

La méthode du 50/20/15/15

Dans l'idéal, vos dépenses fixes et essentielles ne devraient pas excéder 50 % de vos revenus. Les dépenses variables (reste à vivre) devraient être de 20 % maximum. 15 % devraient être consacrés à votre épargne (bloquée sur un compte) et 15 % à gérer les imprévus.

Optimisez votre budget !

Pour optimiser votre budget, il s'agit d'économiser sur toutes vos dépenses, les fixes comme les variables, sans frustration ! Le secret ? Vous recentrer sur les dépenses vraiment essentielles, celles qui vous font vraiment plaisir ! Il ne s'agit pas de privation, mais de gestion. En gérant mieux vos dépenses, vous pourrez vous gâter davantage pour des choses qui en valent vraiment la peine.

Supprimez les dépenses d'habitude

Aller tous les jours prendre un café, est-ce bien raisonnable ? Le croissant le matin, les sandwichs ou resto à l'heure du déjeuner… Faites les comptes. Ces postes de petites dépenses peuvent considérablement diminuer votre budget. Si vous prenez tous les jours un café à 2 €, cela fait quand même 60 € par mois soit 720 € par an.

À la place :

- pour le café, installez une machine ou une bouilloire dans votre bureau ;
- au lieu du croissant, faites vous-mêmes vos barres de céréales que vous emporterez au bureau, plus saines et énergétiques ;
- pour remplacer le sandwich de midi, préparez un Bento. C'est simple, la veille, il vous suffit de cuisiner en plus grande quantité en prévision de votre déjeuner du lendemain ! Ou bien faites un buddha bowl. L'avantage : on peut les préparer d'avance pour toute la semaine, il suffit de cuire tous les ingrédients et de les stocker au réfrigérateur.

Pour toutes vos dépenses d'habitudes, cherchez une alternative plus économique !

Buddha bowl healty et veggie ultra vitaminé

Un plat complet dans un bol ! Remplissez 1/3 du bol de céréales et de légumineuses (haricots rouges, lentilles, pois chiches…), 1/3 de céréales (riz ou pâtes complets, quinoa, boulgour…), 1/3 de légumes cuits et crus (salade, pousses d'épinards, carottes râpées, brocolis, courgettes…). Saupoudrez le tout de graines (de lin, de sésame, de courge…) et d'oléagineux (copeaux de coco, amandes effilées, noisettes ou cacahuètes concassées…), sans oublier vos herbes aromatiques préférées (coriandre, menthe, persil…). Et pour que ce soit ultra réconfortant, on n'oublie pas de faire une sauce cacahuète par exemple (½ jus de citron vert + 2 c. à s. de beurre de cacahuète + 4 c. à s. de sauce soja sucrée + 2 c. à s. de vinaigre de riz + 2 c. à c. d'ail en poudre + 1 c. à c. de gingembre frais râpé + sel, poivre et sauce piquante + de l'eau si c'est trop compact). Par exemple : riz et petits pois, tomates, avocat (légumes crus), brocolis, carottes, courgettes (légumes cuits), graines de courge et cacahuètes concassées.

Supprimez le gaspillage et misez sur le minimalisme

Il s'agit de n'acheter que ce dont vous avez besoin. Pas d'achat en grande quantité parce que c'est moins cher ou en promotion. Testez l'achat en vrac, où vous pouvez choisir uniquement la quantité nécessaire.
Faire maison est aussi minimaliste et économique : faire la cuisine évidemment, mais aussi fabriquer votre propre lessive et vos produits d'entretien…

DIY produit d'entretien

Dans un pulvérisateur, mettez ½ litre d'eau chaude, 1 poignée de cristaux de soude, 1 c. à s. de bicarbonate de soude, 1 verre de vinaigre blanc et 10 gouttes d'huile essentielle pour le parfum (lavande, citron…).

DIY lessive

Faites bouillir 2 l d'eau. Versez 80 g de savon de Marseille bio en paillettes dans un bidon de lessive vide, rajoutez l'eau, fermez et secouez pour dissoudre. Si cela ne fonctionne pas, remettez sur le feu en remuant de temps en temps. Ajoutez 1 c. à s. de vinaigre ménager et 1 c. à s. de bicarbonate de soude, secouez et laissez reposer une nuit. Ajoutez quelques gouttes d'huile essentielle de lavande, de pamplemousse ou de rose pour donner une bonne odeur. C'est prêt !

Je renégocie et je mise sur les bons plans

Revoyez tous vos abonnements et renégociez toutes vos assurances, vos frais bancaires, vos prêts éventuellement…

Faites-vous plaisir avec ce qui compte vraiment

Maintenant que vous avez plein d'argent en plus, à vous les dépenses fun et happy ! Au lieu des dépenses quotidiennes dont vous n'avez presque pas conscience et qui ne vous offrent pas de réel plaisir, si vous poussiez la porte d'un hôtel 5 étoiles pour vous offrir un café dans un cadre luxueux ? De quoi toucher à l'abondance et vous traiter en princesse.

Épargnez pour vos projets !

Se constituer une épargne est essentiel pour qui souhaite vivre dans l'abondance. Réfléchissez à la somme que vous pourriez investir (10 ou 20 % de votre revenu environ) et mettez en place un virement automatique. Vous ne vous apercevrez même pas de cette ponction ! La règle : ne pas toucher à cet argent même en cas de coup dur. Créez plutôt un compte d'épargne sécurité pour cela !

52 week challenge

Et si vous pouviez avoir 1 378 € de côté pour votre voyage ou vos projets ? Comment ? En faisant ce challenge ! Chaque semaine, vous déposerez une petite somme d'argent durant un an. 1 € la première semaine, 2 € la deuxième, 3 € la troisième et ainsi de suite jusqu'à 52. De quoi vous faire vraiment plaisir sans effort !

Carnet d'adresses

L'auteure
Venez rejoindre mon défi de 14 jours « Les Clefs pour attirer l'abondance ». Pour en savoir plus : https://noemiedesaintsernin.com/mes-coachings-et-formations-programmes-en-ligne/

J'envoie des pépites de bonheur chaque semaine !
Pour vous abonner : https://noemiedesaintsernin.com/les-5-clefs-pour-changer-de-vie/

Retrouvez-moi aussi sur les réseaux :
YouTube : https://www.youtube.com/channel/UC0xkgI7SMiD0uzLgxRJsb_g
Facebook : https://facebook.com/noemiedesaintsernin.les.clefs.du.passe/
Facebook pour les parents : https://www.facebook.com/parentaliteresponsable/

Remerciements
Ce cahier n'existerait pas sans la loi d'attraction et sans toutes les good vibes que je ne cesse de diffuser quotidiennement. J'ai attiré les bonnes personnes au bon moment !
Merci à Gwladys Greusard pour sa confiance, son soutien, ses idées et surtout pour son implication à chacune des étapes de ce projet. Ce cahier est véritablement le fruit d'une collaboration.
Merci à Mademoiselle Ève que j'avais choisie dans mon cœur et qui a su si joliment illustrer ce cahier.
Merci encore et toujours à Luc, mon mari, pour ses encouragements, sa fierté et son amour qui me donnent des ailes.
Merci à mes filles chéries, Laurine, Marie et Louise, pour leur abondance de joie, de bonheur, d'amour et de fierté.
Merci à toutes celles qui ont accepté de relire les premières pages afin de m'en faire un retour, lequel m'a beaucoup aidée à trouver le style de ce cahier : Caroline Papineau, Fleur Mc Gregor, Marylise P., Morgane Paraire-Jaubert et Muriel Gaillard-Jennequin !
Merci à ma team fantastique pour son soutien et sa présence à mes côtés : merci Alexandre, Anna, David, Émilie, Luisa, Marion, Nadine, Nicolas, Sophie, Sylvie, William !
Merci du fond du cœur à tous les membres de mes programmes de coaching pour leur bienveillance, leur confiance, sans cesse renouvelées.
Merci à toutes les personnes qui composent aujourd'hui une communauté de plus de 200 000 personnes, abonnés à ma newsletter et followers sur YouTube, Facebook, Twitter, Instagram. Merci pour cette confiance !
… Et puis merci la VIE qui vous a tous mis sur ma route et à laquelle je dois abondance de gratitude et de joie.

Mon cahier minceur
Mon cahier minceur
Mon cahier minceur
Mon cahier Ma grossesse et moi
Mon cahier Mon bébé et moi
Mon cahier Ventre plat Spécial hommes
Mon cahier Ventre plat
Mon cahier La drague et moi
Mon cahier Le sexe et moi
Mon cahier 100% anti-âge
Mon cahier Détox
Mon cahier Yoga
Mon cahier Running
Mon cahier Abdos-fessiers
Mon cahier Veggie
Mon cahier Mon dressing idéal
Mon cahier Brûle-graisse
Mon cahier Pensée positive
Mon cahier Anti-stress
Mon cahier Forme et minceur après bébé
Mon cahier Régime paléo
Mon cahier Pilates
Mon cahier Beauté
Mon cahier Digital détox
Mon cahier Stop au sucre
Mon cahier Sans gluten
Mon cahier Fitness
Mon cahier Mincir avec la médecine chinoise
Mon cahier Yoga détox
Mon cahier Aquafitness
Mon cahier Beach body
Mon cahier Green détox
Mon cahier Body training
Mon cahier Régime tout cru
Mon cahier Méditation
Mon cahier Huiles essentielles
Mon cahier Boxe training
Mon cahier Mon chat & moi
Mon cahier Rangement feel good
Mon cahier Trail running
Mon cahier Yoga méditation
Mon cahier Soft fitness
Mon cahier Body minceur
Mon cahier Hair beauty
Mon cahier Jolie peau
Mon cahier Fitness food
Mon cahier Danse pilates
Mon cahier Hygge happy thérapie
Mon cahier Yoga sculpt

MON CAHIER TATOUAGE
MON CAHIER YOGA FLOW
MON CAHIER OBSTACLE TRAINING
MON CAHIER SUPER-ORGANISEE
MON CAHIER MON BULLET AGENDA
MON CAHIER BULLET AGENDA
MON CAHIER MINCEUR HEALTHY
MON CAHIER MINCEUR ZÉRO SUCRE
MON CAHIER STOP SMOKING
MON CAHIER AYURVEDA
MON CAHIER VÉLO TRAINING
MON CAHIER DÉFI VOYAGE SOLO
MON CAHIER HIIT
MON CAHIER CRISTAL POWER
MON CAHIER MACADAMTRAINING
MON CAHIER OBJECTIF MINCEUR EN 12 SEMAINES
MON CAHIER MES 100 MODÈLES BULLET AGENDA
MON CAHIER BAIN DE FORÊT
MON CAHIER ATTITUDE BODY POSITIVE
MON CAHIER PILATES INTENSIF
MON CAHIER PILATES BOOTY
MON CAHIER RITUEL POWER
MON CAHIER LUNE
MON CAHIER MASSAGE
MON CAHIER IKIGAI
MON CAHIER MARIAGE
MON CAHIER GREEN POWER
MON CAHIER SOPHRO
MON CAHIER OBJECTIF ZÉRO SUCRE EN 12 SEMAINES
MON CAHIER PILATES MINCEUR
MON CAHIER GAINAGE
MON CAHIER ZÉRO DÉCHET
MON CAHIER TAROT
MON CAHIER OBJECTIF BIKINI EN 12 SEMAINES
MON CAHIER FIT & GREEN
MON CAHIER CARDIO-PILATES
MON CAHIER HUILES ESSENTIELLES AU FÉMININ
WOMAN IS BEAUTIFUL MON CAHIER 2020
MON CAHIER OBJECTIF BUDGET EN 12 SEMAINES
MON CAHIER OBJECTIF TRAINING EN 12 SEMAINES

LES BEAUTIFUL GIRLS,
C'EST TOUTE UNE COMMUNAUTÉ !

Retrouvez plein de bonus, de conseils feel good,
des recettes, des trainings,
et des actus tendance MADE BY MON CAHIER !

Un lieu rien que pour vous :
http://mylifeisbeautiful.fr/

Une communauté de filles stylées :
VOUS DÉCHIREZ
mylifeisbeautiful.fr mylifeisbeautiful.fr

Direction : Jean-Louis Hocq
Direction éditoriale : Marion Guillemet-Bigeard
Édition : Gwladys Greusard
Correction : Gwénola de Chantérac
Conception et mise en couleur de la couverture : Stéphanie Brepson
Conception des cartes : Sophie Delannoy
Mise en page : Nord Compo
Fabrication : Laurence Duboscq

MIXTE
Papier issu de sources responsables
FSC® C003309

ISBN : 978-2-263-15973-2
Code éditeur : S15973
Dépôt légal : septembre 2019
Imprimé en France par Clerc

SolarEditions
solar_editions

mylifeisbeautiful.fr
mylifeisbeautiful.fr

http://www.mylifeisbeautiful.fr/

Solar, un département d'Édi 8